JING DE ZHEN TAO CI CHAN YE FA ZHAN QIAN YAN DUI HUA : RI YONG TAO CI DE ZHI NENG ZHI ZAO

景德镇陶瓷产业

发展前沿对话：日用陶瓷的智能制造

景德镇国家陶瓷文化传承与创新研究丛书

许剑雄　胡鹏程　赵伟　著

華中科技大學出版社
http://press.hust.edu.cn
中国·武汉

内 容 提 要

本书通过对我国日用陶瓷产业现状的梳理，从宏观和微观视角同时论证日用陶瓷企业智能制造的必要性和可行性；通过介绍我国日用陶瓷企业智能制造的概况，挖掘其中存在的问题，提出构建日用陶瓷企业智能制造体系等发展建议，并延伸至市场营销环节的智能化创新；通过对景德镇日用陶瓷企业智能制造的案例研究，提出景德镇日用陶瓷智能工厂的解决方案，并通过与企业家、生产厂长的对话，引出对景德镇日用陶瓷企业智能制造的进一步思考。

本书以充实的文献资料和调研访谈为基础，借鉴了机械制造、通信工程、工业设计、生产管理、市场营销等相关领域的研究成果，论述严谨深入，部分内容和观点有一定的创新，可以说是日用陶瓷智能制造研究领域比较新锐的研究成果的体现。

图书在版编目(CIP)数据

景德镇陶瓷产业发展前沿对话：日用陶瓷的智能制造/许剑雄，胡鹏程，赵伟著．—武汉：华中科技大学出版社，2023.12

（景德镇国家陶瓷文化传承与创新研究丛书）

ISBN 978-7-5772-0243-3

Ⅰ.①景… Ⅱ.①许… ②胡… ③赵… Ⅲ.①智能制造系统－陶瓷工业－产业发展－研究－景德镇 Ⅳ.①F426.71

中国国家版本馆CIP数据核字（2023）第236313号

景德镇陶瓷产业发展前沿对话：日用陶瓷的智能制造
Jingdezhen Taoci Chanye Fazhan Qianyan Duihua:
Riyong Taoci de Zhineng Zhizao

许剑雄　胡鹏程　赵伟　著

策划编辑：王雅琪　汪　杭
责任编辑：张　琳
封面设计：廖亚萍
责任校对：王亚钦
责任监印：周治超

出版发行：华中科技大学出版社(中国·武汉)　电话：(027)81321913
武汉市东湖新技术开发区华工科技园　邮编：430223

录　　排：孙雅丽
印　　刷：武汉市洪林印务有限公司
开　　本：710mm×1000mm　1/16
印　　张：13
字　　数：200千字
版　　次：2023年12月第1版第1次印刷
定　　价：69.80元

前言 FOREWORD

智能制造的发展大致经历三个阶段：起始于20世纪80年代，人工智能在制造领域中应用，智能制造概念正式提出；发展于20世纪90年代，智能制造技术、智能制造系统提出；成熟于21世纪以来新一代信息技术条件下的智能制造。2015年，国务院印发了《中国制造2025》，提出了实施国家制造业创新中心（工业技术研究基地）建设、智能制造、工业强基、绿色制造、高端装备创新五项重大工程，突破一批重点领域关键共性技术。

景德镇作为中国三大“瓷都”之一，是中国当代陶瓷产业的重要工业城市，建有中国唯一的国家陶瓷文化传承创新试验区，它既具有传统手工制瓷的文化和历史底蕴，又在陶瓷产业中不断进行科技创新，推进陶瓷业智能制造的发展。景德镇日用陶瓷产业相对于佛山建筑卫生陶瓷产业及国内其他日用陶瓷产业而言，其智能制造的提出和实施都相对较晚。

2014年前后，景德镇邑山瓷业有限公司、景德镇陶瓷集团有限责任公司、景德镇市瓷海瓷业有限公司、景德镇富玉青花玲珑陶瓷有限公司等企业，通过单工序、单环节、单设备及整线、整厂等多种方式，为景德镇日用陶瓷企业的智能制造作出了尝试。

本书以景德镇日用陶瓷产业和企业的智能制造为研究对象，以对话为题，分别进行理论对话和实践对话。理论层面的对话，是从我国日用陶瓷产业发展概况入手，对日用陶瓷企业生产运营的现状及问题进行剖析，进而就日用陶瓷企业智能制造的必要性和可行性进行阐述，结合日用陶瓷企业智能制造的概况，最终构建和实践日用陶瓷企业智能制造体系。并从广义智能制造的角度出发，分析了智能制造背景下我国日用陶瓷企业的营销创新。实践层面的对话，是在理论层面对景德镇日用陶瓷企业推进智能制造所处的大环境、大背景进行了全面分析之后，转为对景德镇日用陶瓷企业智能制造的实际情况进行调研、访谈和案例梳理，总结景德镇日用陶瓷企业在推进智能制造过程中的经验和教训，试图寻求其后续发展的路径和模式。

本书的撰写由景德镇陶瓷大学许剑雄副教授领衔，与景德镇陶瓷大学2019级市场营销专业本科生胡鹏程、赵伟、罗序玮，景德镇陶瓷大学2018级市场营销专业本科生张熙琳，景德镇陶瓷大学科技艺术学院2019级市场营销专业本科生江潮明、2013级市场营销专业本科生邹涛、2022级艺术经济学专业研究生朱佳慧等共同完成，最后由许剑雄副教授审阅定稿。具体分工如下：第1章由朱佳慧撰写；第2章由胡鹏程、赵伟、江潮明撰写；第3章由许剑雄、赵伟撰写；第4章由许剑雄、江潮明撰写；第5章由许剑雄、胡鹏程撰写；第6章由赵伟、江潮明撰写；第7章由许剑雄、邹涛撰写；第8章由许剑雄、张熙琳撰写；第9章由许剑雄撰写。

在本书的撰写过程中，承蒙景德镇陶瓷大学管理与经济学院、科学技术处、教务处、创业学院等部门的同事的帮助，得到江西省教育厅科学技术研究项目资金和国家级大学生创新创业训练计划项目资金的支持。同时，景德镇邑山瓷业有限公司、景德镇陶瓷集团有限责任公司、景德镇市瓷海瓷业有限公司、景德镇富玉青花玲珑陶瓷有限公司等，为本书的撰写安排了实地调研和访谈，亦为本书的撰写提供了不少建议。另外，景德镇陶瓷大学张伯清教授、韩文教授、王俊祥教授等将本书第一作者带入陶瓷产业智能制造的研究领域，景德镇陶瓷大学管理与经济学院2019级研究生侯旭康、邹傲义亦协助完成部分访谈，在此一并向他们表示真诚的感谢！

由于本书作者水平有限，时间仓促，书中难免存在不足之处，敬请同行专家、学者及广大读者不吝赐教。最后，向本书所引用、参阅有关研究成果和图片的作者，致以谢意！

许剑雄

2023年5月

目录 CONTENTS

第1章

绪　　论

1.1 研究意义

从市场需求角度而言，进入21世纪以来，我国的日用陶瓷行业经历了一个稳定发展时期，技术工艺和装备日趋成熟，日用陶瓷产量和陶瓷企业数量都位于世界前列，成为世界最大的日用陶瓷生产国。随着经济的发展，人民的生活品质逐渐提高，对日用陶瓷产品的品质要求也越来越高。如果日用陶瓷企业继续沿用传统落后的设备和工艺，将适应不了现阶段的市场需求。随着互联网5G时代的到来，以及新型营销模式的出现和发展，购买渠道也变得越来越多样化，日用陶瓷企业的市场扩大至全中国乃至全世界，新时代的年轻人在提高生活品质的同时也更加注重产品带来的实际体验，对日用陶瓷的消费也向高端、健康、环保、时尚的方向发展，这对商品的供给质量提出了更高的要求。日用陶瓷将从单纯的家居用品向兼具时尚装饰功能的生活用品转变，未来我国日用陶瓷市场消费升级的特征也会更加明显。为了满足消费者对日用陶瓷产品在质量、健康、环保、时尚上的需求，日用陶瓷制造企业也应从制造向“智造”转型升级。

从企业生产管理角度而言，日用陶瓷的生产组织具有产品类型多、工艺流程复杂、前后道工序相互关联的三个特点，通过智能制造技术，日用陶瓷企业可以获取实时、准确的现场生产数据，这些数据直接影响企业生产调度的及时性和管理决策的高效性。同时，日用陶瓷企业的信息化程度也越来越高。通过互联网对生产数据进行采集和管理，大大提升了信息的准确性和工作的效率。物联网、大数据等信息技术对制造领域的不断渗透，给日用陶瓷制造业带来了巨大变革。日用陶瓷企业提高生产信息化水平、实现智能制造是未来的趋势。

从社会经济效益角度而言，传统陶瓷企业带给人们的大都是“高耗能、高污染、低附加值”的印象，通过智能化改造，企业能大大降低污染和能耗，给社会带来良好的经济效益。《中华人民共和国国民经济和社会发展第十四个五年规划和2035年远景目标纲要》（简称“十四五”规划）中指出：推动绿色发展，促进人与自然和谐共生，坚持绿水青山就是金山银山理念，坚持尊重自然、顺应自然、保护自然，实施可持续发展战略，完善生态文明领域统筹协调机制，构建生态文明体系，推动经济社会发展全面绿色转型，建设美丽中国。陶瓷企业应当以国家碳排放相关政策为指导，实施能源管控、能源管理体系建设与碳排放管理三者的有效结合，采用节能技术、控制关键工序的能耗，制定陶瓷企业的低碳发展战略，加强碳资产的管理，推动整个陶瓷行业进入新的发展模式。可以说，日用陶瓷企业运用智能化生产制造技术也是未来行业趋势。

本书以景德镇日用陶瓷企业为研究对象，从日用陶瓷产业转型升级的实际问题出发，前瞻性、开创性地对日用陶瓷产业智能制造的“需求痛点”和日用陶瓷企业智能制造的建设情况进行研究，依托物联网和互联网平台等相关智能制造技术，实现日用陶瓷产品的设计、生产、物流、营销等环节的智能化体系构建。一方面，可以填补景德镇日用陶瓷企业，甚至国内日用陶瓷企业智能制造领域的理论研究空白；另一方面，可以为景德镇日用陶瓷企业推进智能制造建设，提供“参照企业”“对标企业”，并通过与企业高管的访谈了解企业在推进智能制造过程中的“决策点”“冲突点”等，为日用陶瓷智能制造建设提供重要参考。

1.2 研究现状

1.2.1 智能制造的研究现状分析和发展趋势

智能制造大致经历三个发展阶段：起始于20世纪80年代，人工智能在制造领域中的应用，智能制造概念正式提出；发展于20世纪90年代，智能制造技术、智能制造系统提出；成熟于21世纪以来新一代信息技术条件下的智能制造(smart manufacturing)。

(1) 美国是智能制造思想的发源地之一，美国政府高度重视智能制造，将智能制造视为21世纪世界制造技术的制高点。

(2) 为促进工业复兴，2014—2020年，欧盟和产业界预计向未来工厂公私合作计划投入11.5亿欧元，由私营方代表欧洲未来工厂研究协会制定的“未来工厂2020”路线图展现了该计划的总体科研方向及优先科研主题。

（3）2013年4月，德国在汉诺威国际工业博览会上正式提出了工业4.0战略，其核心是通过信息物理系统（cyber-physical system，CPS）实现人、设备与产品的实时连通、相互识别和有效交流，构建一个高度灵活的个性化和数字化的智能制造模式。

（4）“中国制造2025”与德国工业4.0都是在新一轮科技革命和产业变革背景下针对制造业发展提出的战略举措，两者有许多共同点，重点都是要将信息技术与制造技术深度融合，通过移动互联网、物联网、云计算、大数据、机器人等新一代信息技术，让制造业数字化、网络化和智能化。

1.2.2 陶瓷智能制造的研究现状分析和发展趋势

（1）2023年1月，在中国知网的“篇名”文本框中输入“陶瓷”和“智能制造”，查询结果显示有《卫生陶瓷智能制造——立坯机结构设计》等25篇文献。其中，《卫生陶瓷智能制造——立坯机结构设计》等文献主要研究智能制造背景下的陶瓷产品的智能设计；《微电子共烧陶瓷基板智能制造生产线》等文献主要研究智能化陶瓷生产线；《陶瓷装备智能制造背景下高职人才培养模式改革研究——以我院工业机器人专业为例》等文献主要研究智能制造背景下的陶瓷专业人才培养问题；《陶瓷行业智能制造现状及发展趋势》等文献主要是从行业发展角度概述智能制造建设的现状和趋势；《智能制造时代陶瓷原料标准化探讨》等文献主要探讨建立能被行业广为接受和使用的科学合理的陶瓷原料标准体系，逐步提高陶瓷原料标准化水平；《卫生陶瓷智能制造注浆循环线工艺及其设计》等文献主要研究了陶瓷智能制造的工艺设计优化；《基于智能制造视角的建筑陶瓷营销创新》等文献主要研究了智能制造背景下与陶瓷智能生产相对应的陶瓷智能营销。

（2）2023年1月，在百度中，以“陶瓷”与“智能制造”为关键词进行检索，查询到《德化：新技术变革老工艺，陶瓷企业智能制造“三级跳”》《皓业彩瓷：领先日用陶瓷智能制造 开启高质量发展新时代》等资料，这些资料主要是围绕“陶瓷智能制造”的相关新闻报道以及一些总结等，并未发现专门、系统的理论研究。

（3）2023年1月，在微信公众号等一些网络平台，以“陶瓷”与“智能制造”为关键词进行检索，查询到《建筑陶瓷行业的智能制造之路》《陶瓷智能制造方案》等一些资料，并未发现有对日用陶瓷智能制造系统性的介绍和整体方面的研究。

综上所述，国内外学者虽然对陶瓷智能制造进行了一定的研究，并在建筑陶瓷、卫生陶瓷领域开展了大量的实践运用，但智能制造在日用陶瓷行业中的理论研究和实践研究均处于空白状态。

1.3 研究内容

本书以日用陶瓷产业和企业的智能制造为研究主题，通过与智能制造理论的对话、与产业和企业实践的对话，以及与企业家、企业高管的对话，总结景德镇日用陶瓷企业智能制造的经验和教训，寻求发展路径和发展模式。本书主要研究内容包括以下方面。

（1）我国日用陶瓷产业的现状。本部分主要对我国日用陶瓷的发展概况和日用陶瓷企业生产运营的现状及问题进行综述，提出“日用陶瓷智能制造”的研究主题。

（2）我国日用陶瓷企业智能制造的必要性和可行性。本部分主要从宏观角度和微观角度对日用陶瓷企业智能制造的必要性和可行性进行论证。

（3）我国日用陶瓷企业智能制造的概况。本部分首先对日用陶瓷企业智能制造提出的背景进行概述，归纳总结了日用陶瓷企业智能制造发展的阶段，在日用陶瓷企业智能制造发展现状的基础上，对其中存在的问题和遇到的阻碍进行挖掘，尝试提出发展建议。

（4）我国日用陶瓷企业智能制造体系的构建及实现。本部分从日用陶瓷企业的角度进行分析，首先分析日用陶瓷企业智能制造体系的构建，然后结合大规模定制和个性化定制的特点进行综合分析，提出日用陶瓷智能工厂的架构和运行机制。

（5）智能制造背景下我国日用陶瓷企业营销创新。本部分基于上一部分广义日用陶瓷智能制造的概念，在营销环节上进行智能创新，试图打造日用陶瓷企业全链条智能化体系。

（6）景德镇日用陶瓷企业智能制造案例。本部分采用案例研究法，对景德镇邑山瓷业有限公司、景德镇陶瓷集团有限责任公司、景德镇市瓷海瓷业有限公司、景德镇陶瓷大学等的日用陶瓷智能制造的实践进行归纳和总结，试图为景德镇其他日用陶瓷企业的智能制造的推进提供样板和经验。

（7）景德镇日用陶瓷智能工厂的解决方案。本部分以邑山智造为研究案例，在日用陶瓷智能工厂的建设和运行方面，为景德镇其他日用陶瓷企业提供解决方案。

（8）景德镇日用陶瓷企业智能制造对话。本部分以高校学者与企业家、厂长围绕“日用陶瓷智能制造”主题的沟通为研究基础，从对话中探寻景德镇日用陶瓷企业智能制造的一系列实际问题和解决方案。

1.4 研究目标

通过理论对话，梳理我国日用陶瓷产业及其智能制造的发展现状，研究日用陶瓷生产制造企业的现有生产模式与智能化生产管理系统相结合的可行性和必要性，构建广义的日用陶瓷智能制造体系。

通过实践对话，对景德镇日用陶瓷产业（企业）原有生产制造的模式、特征等进行归纳总结，对景德镇日用陶瓷产业（企业）已有的智能制造应用进行一次全面的梳理，调查研究陶瓷产业的高新技术运用到景德镇日用陶瓷企业的生产制造可行性和实际问题，推动景德镇日用陶瓷企业由“制造”生产模式向“智造”生产模式的转变。

1.5 研究方法

1.5.1 文献研究法

对现有的文献资料进行了较大范围的搜索、整理和分析，查阅大量的文献资料、期刊及相关网站，力求把握当前选题的研究动态，为本研究奠定理论支撑。

1.5.2 实地调研法

走访政府部门及企业，力求掌握与本研究有关的第一手资料；走访相关科研院所，拜访学术界知名专家学者，为本研究收集大量的数据资料。

1.5.3 多学科综合法

由于本研究内容涉及的学科较多，主要包括管理科学与工程、企业管理、机械与电子工程、电子信息工程等，因此从多学科的角度联合分析研究就成为必然。

1.5.4 案例研究法

对国内其他地区及其产业、国内其他日用陶瓷产区企业智能制造的成功做法进行案例剖析，提取其执行背景、执行条件、执行机制等，为本研究提供模式参考，提升研究结论的针对性和可行性。

1.6 研究创新

1.6.1 研究视角的创新

本研究试图跳出原有单学科研究的局限性，从技术角度和管理角度同时出发，对景德镇日用陶瓷产业的智能制造进行系统研究，这是本研究的一个突出特色。

1.6.2 研究内容的创新

本研究以“日用陶瓷企业智能制造”为研究主题，目前无论是学术界，还是政府、行业协会、企业等，还没有涉及此领域的专门研究，相关理论研究成果和应用研究成果缺失。本研究对于景德镇日用陶瓷产业升级转型具有一定的前瞻性研究和指导意义，这无疑是具有创新性的。

1.6.3 研究方法的创新

采用多学科综合思维研究方式，使用文献研究法、实地研究与访谈相结合等方法，对创新研究内容进行分析。

第2章

我国日用陶瓷产业现状

陶瓷产业自古以来一直是我国的重要产业之一，甚至曾在世界陶瓷市场中处于绝对垄断地位。无论是文化兴邦还是产业兴国，日用陶瓷产业都是不可或缺的重要组成部分。

2.1　日用陶瓷产业发展概况

我国作为世界日用陶瓷生产大国和出口大国，日用陶瓷产品的年生产量和出口总量自20世纪80年代以来一直稳居世界首位。

2.1.1　产量

2015—2021年，整个日用陶瓷产业产量呈现持续增长的态势，除2016年、2017年外，增速呈现减缓的趋势；2016年，我国日用陶瓷产量增速达到阶段性最大值，而后趋于平缓（表2.1）。

表2.1　2015—2021年我国日用陶瓷产量及增速

年份	2015	2016	2017	2018	2019	2020	2021
产量/亿件	438	486	499	533	560	590.1	620.7
增速/(%)	7.4%	11%	2.7%	6.8%	5.1%	5.4%	5.1%

数据来源:中国海关总署。

2.1.2　进口

2015年以来，随着消费升级，我国居民对中高端日用陶瓷的需求量增大，而我国的日用陶瓷还处于低端状态，导致我国对国外中高端的日用陶瓷的进口量在不断增加（表2.2）。

表 2.2 2015—2020 年我国日用陶瓷进口量及增速

年份	2015	2016	2017	2018	2019	2020
进口/万美元	5754	6170	6532	7479	7778	8974
增速/(%)	15.4	7.2	5.9	14.5	4	15.4

数据来源:中国海关总署。

2.1.3 出口

受市场环境、政策环境等多因素条件的影响，2017年之前我国日用陶瓷产业呈整体下行趋势，但随着日用陶瓷企业或通过智能制造降低成本、提升有效产能，或通过营销创新深耕挖掘市场需求，整个日用陶瓷产业局面得到了一定改善。根据中国海关总署数据，2017—2021年我国日用陶瓷出口金额及出口量均呈现明显上升趋势，出口金额由2017年的680.27亿元上升至2021年的1477.66亿元，出口量也由2017年的344万吨上升至2021年的511万吨，单价同比平均增长11.56%。而2022年我国日用陶瓷出口量为497万吨，相对2021年同期减少了14万吨，出口金额相对2021年同期同比下降了0.9%，出口量与出口金额有所回落（表2.3）。

表 2.3 2017—2022 年日用陶瓷出口金额及出口量

年份	出口金额/亿元	出口金额同期增长率	出口量/万吨	出口量同期增长率
2017	680.27	—	344	—
2018	770.20	13.2%	363	5.5%
2019	1018.22	32.2%	390	7.4%
2020	1257.38	23.5%	424	8.7%
2021	1477.66	17.5%	511	20.5%
2022	1464.36	−0.9%	497	−2.7%

数据来源:中国海关总署。

2.1.4　发展特点

总体而言，我国的日用陶瓷产业有以下几个特点。

1. 日用陶瓷行业整体发展比较稳定

2022年，我国日用陶瓷的年出口总量为497万吨。2022年我国日用陶瓷出口量比2021年减少了2.7%，2021年我国日用陶瓷出口量比2020年增长了20.5%。从这几年的日用陶瓷出口量的发展趋势来看，我国日用陶瓷行业整体发展趋势比较稳定。

2022年1—12月我国日用陶瓷出口量统计如表2.4所示。

表2.4　2022年1—12月我国日用陶瓷出口量统计表

月份	单月		累计	
	数量/万吨	金额/元	数量/万吨	金额/元
1	51	1408775	51	1408775
2	28	775601	79	2184376
3	30	811158	109	2995534
4	39	1111141	148	4106675
5	48	1309621	196	5416296
6	45	1407522	241	6823818
7	46	1330212	287	8154030
8	44	1255322	331	9409352
9	44	1390429	375	10799781
10	41	1448511	416	12248292
11	39	1429763	455	13678055
12	43	1476907	498	15154962

数据来源：中国海关总署。

2.日用陶瓷产业模式相对传统

日用陶瓷产业的生产、营销、管理模式发展到现在，其产业模式一直是比较传统的。在陶瓷产业中，有建筑陶瓷产业、卫生陶瓷产业、日用陶瓷产业等，相比其他陶瓷产业，日用陶瓷产业的产值较少、规模较小，这也就导致对日用陶瓷产业的投资较少，投资较少导致日用陶瓷产业的机械设备研发和技术升级速度变慢，进而使得现在的日用陶瓷产业的生产模式相对于其他产业来说较为陈旧，大部分还是“机械+人工”的生产组合，这也成为现在日用陶瓷产业模式的通病——生产效率低下、生产周期长、能源耗费多、生产成本高、生产环境乱等。日用陶瓷产业经历了古代手工作坊式的生产模式，现代化工业化、产业化的生产模式，日用陶瓷产业还是属于劳动密集型的传统制造业，即需要人工较多的产业。但随着“中国制造2025”国家行动纲领的提出和推进，日用陶瓷产业应紧跟时代步伐，落实国家绿色发展理念，加快日用陶瓷产业模式的升级，实现从“日用陶瓷制造大国”向“日用陶瓷制造强国”的转变。

3.日用陶瓷产业的品牌发展和技术发展滞后

我国日用陶瓷生产历史悠久，源远流长，从古代开始，日用陶瓷就已经远销海外，甚至还出现了有人想用军队来交换景德镇陶瓷生产的日用陶瓷的情况。但随着工业革命的崛起，欧洲的制瓷技术也在不断精进，制瓷中心轮转，德国、法国、英国等各国的制瓷产区品牌崛起。

2.1.5 发展趋势

虽说我国日用陶瓷的产量和出口稳居世界前列，但制造水平还有待提高。在经济全球化并不断深入发展的今天，我国日用陶瓷产业发展是机遇和挑战并存的局面，一方面需要面对国外日用陶瓷产业新生产理念和新生产方式的冲击，另一方面则需要满足消费者日益多样化的消费需求。随着国家“十四五”规划更深层面地实施推进，我国将大力推动制造产业转型升级，推动制造产业数字化、智能化。并且，随着现在的劳动力成本的不断上升，制造产业的企业可以通过智能化节约劳动力成本和提高生产效率，从而给企业带来经济效益，这也是日用陶瓷产业未来的发展趋势。

2.2 传统日用陶瓷企业生产运营的现状及问题

2.2.1 传统日用陶瓷企业生产运营的现状

1.传统日用陶瓷企业的生产类型与特征

传统日用陶瓷企业的生产类型根据其生产的效率情况，可分为手工生产、半自动化机械生产。

1）手工生产

最初的陶瓷生产大多采用泥条盘筑法，人们采用此种方法来制作日常使用的陶瓷器具。伴随着工业化的推进，日用陶瓷的制瓷作坊、工厂的手工制瓷，一方面被半机械化、机械化的制造设备和方式所取代，另一方面仍然还有很多工序无法被制造设备所取代或其生产效率无法超过手工生产。对于大批量生产的日用陶瓷产品，手工生产的效率远远落后于机械生产的效率，产品的烧成率会受到工人技术的影响。随着经济的快速发展，劳动力成本也正在逐渐上升，所以手工生产的日用陶瓷成本相对较高。

但是机械生产的日用陶瓷同质化严重，而手工生产的日用陶瓷每个都有其特点，并且可以根据客户的喜好，定制专属于客户自己的日用陶瓷器具。手工生产日用陶瓷器具的小作坊、小工作室，其产品（作品）满足了部分消费群体个性化、高端化的需求，依然有较大的市场空间和发展空间。

2）半自动化机械生产

半自动化机械生产是现在较大的工厂或者手工作坊采用的生产方式。此类生产方式依靠简单机械，如拉坯机、喷釉机、注浆机等，除了一些简单的工序可以使用机械装置外，其他的工序还是需要人工来操作。这种生产方式生产的产品的特点是产品的质量可以得到保证，且烧成率较高。

2.传统日用陶瓷企业的生产技术与装备

根据生产类型的情况，传统日用陶瓷企业有以下几种类型的生产技术与装备：手工生产技术与装备、半自动化生产技术与装备。

1）手工生产技术与装备

在手工生产方式下，日用陶瓷生产技术包括手工拉坯、泥条盘筑等。这种手工日用陶瓷生产完全凭借工人师傅的手艺，产品的造型也因人而异，手工拉坯需要的装备主要是手动拉坯机。在传统模式下，工人师傅进行手工拉坯时，会使用一根木棍加快拉坯转盘的旋转速度，当转盘达到一定的速度，工人师傅进行拉坯动作，如此反复才能拉好一个泥坯。而泥条盘筑则完全依赖于手工，工人师傅用粗细一致的泥条进行盘筑，在接口处用手抚平接痕。总的来说，手工生产不太借助生产技术装备，完全凭借工人师傅个人手艺。因此，手工生产的日用陶瓷更鲜活，没有机器生产的那么呆板。但因为缺乏技术装备，手工生产日用陶瓷效率低下。手工日用陶瓷生产流程图如图2.1所示。

图2.1 手工日用陶瓷生产流程图

2）半自动化生产技术与装备

在半自动化生产方式下，很多日用陶瓷生产工序都使用了机器装备。与此同时，不少工序和生产环节在很多时候还是需要工人师傅进行人工操作，以达到最好的效果。在拉坯成型的过程中，因为增加了很多技术装备，工人师傅可以采取多种方式来塑造泥坯的形状。常见的工序包括：①拉坯机成型，使用常见的电动拉坯机，这种拉坯机可以保持一个稳定的转速，对陶瓷成型具有很大的帮助作用，工人师傅做好事前准备工作——将原料里的空气排出，防止拉坯时产生缺口，然后将原料放在拉坯机上，拉坯机的使用极大地加快了工人师傅拉坯的速度；②模具浇筑成型，该方法使用机器做好相应的日用陶瓷模具，将稀释好的原料放入模具中，随后等其干燥，再拆开模具取出相应的素坯。

3.传统日用陶瓷企业的销售与市场服务

在当下多样化、多元化的社会，日用陶瓷的销售方式和服务方式也是多层次、多类型的。目前常见的日用陶瓷销售方式包括实体店销售、工厂销售、网络销售。

1）实体店销售

实体店销售主要依靠实体店，即将物品置于商场专柜、专卖店等处进行展示、销售和服务。定位高端的实体店销售的往往是价格昂贵、外观形状华丽的日用陶瓷产品，而这些日用陶瓷产品往往是紧跟市场导向的，市场上什么产品畅销，这些店铺就销售什么产品。定位中低端的实体店销售的往往是消费者日常生活中必备的餐具、茶具、酒具等日用陶瓷产品。这些定位中低端的日用陶瓷产品往往外形不会有过多的改变，大部分是由工厂制作模具，再由生产线大量生产出来的日用陶瓷产品。

2）工厂销售

大多数日用陶瓷企业除了在日用陶瓷市场、茶叶批发市场等专业市场以及高端卖场开设实体店以外，在其生产工厂往往还会设置各种类型和规模的展示厅、体验厅甚至卖场。一方面，这种在工厂进行销售的方式主要是大客户的洽谈接待、验厂等；另一方面，还可以作为所谓的旅游接待购物点，甚至成为专门的接待各种旅行团的销售卖场。

3）网络销售

网络销售是指借助网络平台进行产品销售，以前大多是淘宝店铺销售，现在抖音、小红书等都有各自的购物平台。日用陶瓷产品的网络购买途径有很多，因为不能直接触摸、鉴别产品，所以通过网络平台购买的日用陶瓷产品往往不能达到消费者的预期，并且通过网络销售平台购买的产品需要物流运输，在运输过程中，会出现破损、丢失等意外情况。但是通过网络平台购买日用陶瓷产品却十分方便，不用到实体店就可以购买各地的陶瓷产品。

现在的网络销售模式大多是网络直播销售模式。在网络直播平台，带货主播可以进行24小时直播带货，因直播带货门槛较低，几乎各年龄段的人都能够通过网络进行直播带货。有时候甚至不需要过多资源，自然的流量就能带动销售量，全新的营销模式随着自然流量的带动，成交量也会飞速增长。以景德镇的陶溪川直播基地为例，自2020年下半年创办以来，两年内已进驻陶瓷商家4000余家，总销售额达到了307亿元，培养了陶瓷带货主播几千人，帮助陶瓷店主从本地店铺销售走向了线上营销。2022年的陶瓷产品交易没有受到疫情影响，通过直播带货反而更为火爆，基地单月最高成交量达到43500万元，单日最大成交量更达到1769万元。

2.2.2 传统日用陶瓷企业生产运营的问题

1.生产与制造的问题

传统日用陶瓷企业生产的日用陶瓷产品主要有以下几个方面的问题。

1）产品有很大的不确定性

大部分的陶瓷产品品质是不容易控制的，在烧制或者其他步骤中容易产生形变，导致产品品质不高，因此采用传统生产方式生产的日用陶瓷产品的合格率和优品率相对来说都比较低。

2）生产周期较长

日用陶瓷企业生产日用陶瓷的大致流程为设计—打样—成型—施釉—晾干—烧制—质检—包装—仓储等，一般来说，传统的企业生产一件日用陶瓷产品需要30天左右的时间，其生产周期是比较长的。

3）产品转化率低

传统日用陶瓷企业受陶瓷材质、形状、工艺等要求的制约，导致“能设计出来，但生产不出来或无法低成本批量生产”，因此一些精美优质的陶瓷产品转化率很低，无法实现日用陶瓷产品向高端化转型升级。

4）工人使用量大

对于中小型日用陶瓷生产企业来说，大部分都是采用半自动化或半手工化生产模式，一条生产线需要配备15名左右的工人师傅，如果应用智能化生产模式，一条生产线只需配备1名工人师傅。

2.技术与装备的问题

传统日用陶瓷企业采用的技术和装备多半是半自动化＋半手工化生产模式，这样的技术和装备也存在以下几点问题。

1）生产效率低下

传统的一台半自动化生产设备每天大概能生产300件产品，而一台智能化生产设备一个小时就可以生产300件产品。

2）生产环境差

在传统的日用陶瓷生产过程中，会产生大量废水、废气、废渣和噪声等污染，而且传统日用陶瓷企业没有办法对这些废物做到全部收集处理，因此传统企业的生产环境很差。

3.销售与市场服务的问题

传统日用陶瓷企业在日用陶瓷销售和市场服务领域还存在以下问题。

1）传统日用陶瓷企业销售品类过于单一

随着社会经济的发展，人们消费水平逐渐提高，消费者需求逐渐多元化、高质量化，他们不单单只注重日用陶瓷产品的功能，而且还注重产品的质量和装饰性。但是如今很多传统日用陶瓷企业只能销售单一生产线生产出来的产品，不能很好地满足现在消费者的需求。

2）传统日用陶瓷企业缺乏个性化定制服务

对于一般的企业来说，企业生产线决定了其生产的日用陶瓷产品类型，这就意味着，消费者只能选择购买企业能生产的产品，而不能进行个性化定制，这也就不能满足现在大部分年轻人对于日用陶瓷产品的个性化需求。

3）传统日用陶瓷企业运输成本高、售后服务工作量大

售后问题也是陶瓷产品线上销售的重要问题，由于陶瓷产品是易碎货物，在搬运或运输过程中受重力或外力影响容易损坏，因此运输成本相对较高，如果线上销售在沟通或备货过程中出现失误或纰漏，导致产品数量、规格等方面

与需求不符，将会直接增加线上售后服务的工作量和工作难度。

4）日用陶瓷产品定价模糊

价格是影响商品竞争力的一个重要因素，大部分日用陶瓷企业对产品定价模糊，缺乏对市场的多元化细分，很难把控目标市场。购买日用陶瓷产品的消费者，对产品的专业知识缺乏了解，无法从外观造型上分辨产品，因此导致大部分传统日用陶瓷企业定价随意。

5）产品“货不对板”

受拍摄技巧、光线明暗及后期处理等的影响，消费者容易形成视觉偏差，从而出现实物与图片不符的现象。

2.3 智能日用陶瓷企业生产运营的现状及问题

2.3.1 智能日用陶瓷企业生产运营的现状

1.智能日用陶瓷企业的生产类型与特征

智能日用陶瓷企业的生产类型按其生产的效率情况可分为半智能化生产、智能化生产。

1）半智能化生产

半智能化生产是指大部分生产工序可以使用智能生产设备，一些主要的生产工序还需要依赖工人师傅操作的生产方式，其效率比之前的集中生产模式要高。而且半智能化生产的产品品质较好，从外观、造型来说，每个产品都一致。其缺点是生产设备较单一，主要的工序需要有经验的工人师傅来操作，相比智能化生产效率较低。

2）智能化生产

智能化生产是目前最适合现代社会发展的生产方式，但由于受多种原因的影响，很多企业不能将生产的机器设备和其他设备更新至智能化，智能化生产不是简单地升级生产设备和改进生产工艺。智能化生产是将企业的所有资源数字化，并在系统中显现出来。采用智能化生产的企业拥有智能工厂、智能生产系统、智能营销系统等。智能化生产能将客户的需求与生产线的生产联系起来，例如客户要求餐具上有青花、花鸟或山水图案等，智能生产系统就会将该订单发送到生产工厂，工厂就依据订单生产，不会生产多余的产品，这样就能较好地解决库存赘余等问题。

生产类型比较汇总表如表2.5所示。

表2.5　生产类型比较汇总表

生产类型	生产特点	产品品质	生产效率
手工生产	依赖工人技术	中等	低
半自动化生产	部分工序使用机械设备	中等	高
半智能化生产	一些工序流程实现智能化生产	高	较高
智能化生产	整个生产车间实现智能化生产	高	非常高

2.智能日用陶瓷企业的生产技术与装备

依据生产类型来划分，智能日用陶瓷企业的生产技术与装备包括半智能化生产技术与装备、智能化生产技术与装备。

1）半智能化生产技术与装备

在半智能化生产方式下，因为加进了很多现代的技术和装备，提高了日用陶瓷的生产效率，半智能化生产的日用陶瓷产品相比手工生产的日用陶瓷产品质量更加稳定。

2）智能化生产技术与装备

在智能化生产方式下，很多企业受资金、技术等因素制约，无法实现智能化生产，仅仅停留在全自动化生产。智能化生产的技术与装备，有一部分需要从国外引进。

生产装备汇总表如表2.6所示。

表2.6 生产装备汇总表

类型	技术名称		
手工生产	捏塑成型	泥条盘筑成型	轮制成型
半自动化生产	电动拉坯机	注浆机	吹釉机
半智能化生产	自动注浆机	单工位自动喷釉机	节能型链式干燥器
智能化生产	全自动注浆机	滚压成型	3D打印

3.智能日用陶瓷企业的销售与市场服务

日用陶瓷企业发展至今，为了实现产品销售最大化，都是以大多数消费者的需求为导向来开展营销工作。这种营销方式在智能制造背景下逐渐显现出不足，为了满足消费者的个性化需求，须对日用陶瓷企业在订单挖掘环节、订单成交环节及售后服务环节等方面的现状进行分析，发现市场的新需求，进而对营销方式实现创新。

2.3.2 智能日用陶瓷企业生产运营的问题

1.生产与制造的问题

随着时间的推移，日用陶瓷企业已经意识到了智能化是未来发展的必然趋势，大部分的日用陶瓷企业已经进行了智能化转型升级，但是有些企业的转型并没有取得很好的效果，在生产与制造方面还存在以下几个问题。

1）生产流程不能完全智能化

智能化升级只能实现某个工序的智能化，整个生产流程不能够很好地衔接在一起。

2）生产数据不能智能化

在生产过程中，缺乏智能数据系统，无法计算出未来的订单趋势，导致只是单纯地提高效率，但是库存费用增多。

2.技术与装备的问题

经过智能化升级的日用陶瓷企业也存在以下问题。

1）智能设备缺乏维护人员

有的智能设备依赖国外进口，企业缺乏相应的专业技术人员进行日常的保养和维护。

2）智能技术设备更新、维护费用昂贵

随着社会的发展，智能设备也需要更新和维护，但是对于中小企业来说，这些设备更新、维护的费用很昂贵。

3）销售与市场服务的问题

生产与制造、技术与装备两个维度的智能制造对日用陶瓷企业销售与市场服务的匹配性、成套性的智能创新提出了发展要求，但截至目前，在日用陶瓷企业的订单挖掘环节、订单成交环节及售后服务环节等方面还存在很多的不足，有待进一步改进和完善（具体内容详见本书6.1节）。

第3章

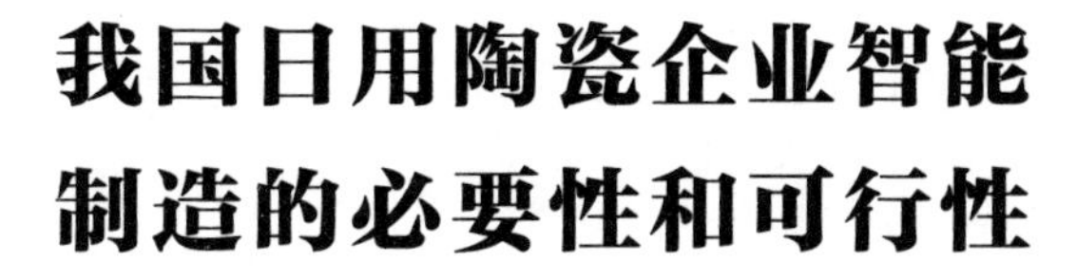

我国日用陶瓷企业智能制造的必要性和可行性

日用陶瓷作为兼具实用性和观赏性的器物（产品）之一，究竟是秉持传统手工制瓷，以更好地传承中国传统文化，还是在现有陶瓷工业机械化、信息化的基础上，继续推进智能化，从政府、行业和企业三个主体方面而言，都值得深入思考。

3.1　日用陶瓷企业推进智能制造的必要性

3.1.1　宏观层面

1.“中国制造2025”的提出和推进

“智能制造工程 ”是“中国制造2025”明确提出实施的五项重大工程之一。智能制造是全球制造业竞争的战略制高点，建设智能工厂是实现智能制造的主要方向，建设智能工厂对中国从制造大国向制造强国转型意义重大，它的发展水平关乎未来我国制造业在国际中的地位，这对加快建设现代化产业体系、提升我国综合国力具有重要意义。

世界各国智能制造战略统计表和各国关于智能制造的相关信息分别见表3.1和表3.2。

表3.1　世界各国智能制造战略统计表

国家	时间	战略名称
美国	2011年	先进制造业伙伴关系计划
德国	2013年	工业4.0计划
英国	2014年	高价值制造战略
日本	2015年	机器人新战略

续表

国家	时间	战略名称
欧盟国家	2016年	数字化欧洲工业计划
中国	2015年5月	中国制造2025

资料来源：整理自数字经济观察网。

表3.2　各国关于智能制造的相关信息

	中国制造2025	德国工业4.0计划	美国先进制造业伙伴关系计划
发起时间	2015年	2013年	2011年
主题	互联网+、智能制造	智能工厂、智能生产	智能制造
特点	信息化与工业化深度融合	制造业和信息化的结合	工业互联网革命，把人、数据和机器连接起来
定位	国家工业中长期发展战略	国家工业升级战略，第四次工业革命	美国“制造业回归”的一项重要内容

“中国制造2025”的主题是“互联网＋”和智能制造，这对于制造业来说，既是一个挑战，也是一个机遇。“互联网＋”可以与制造业进行深度融合。一方面，它不仅可以打破信息不对称的格局，让更多信息透明化，从而拉近消费者与产品之间的距离，改变消费者的地位；另一方面，它可以对大数据进行整理，提高资源利用率，使其达到最大化，让损失减至最小，来达到降低生产成本的效果。智能制造的出现，使制造业产生了巨大的变化，传统制造业依靠手工制作，不仅生产效率低，而且劳动成本也很高，由于人工制作过程中的不稳定因素较多，产品质量没办法得到保证。智能制造的出现，让机器生产代替手工生产，生产过程中的不稳定因素大大减少，人们在工作中的风险也大大降低，使得人类可以去做更多与科技有关的事情。

2.绿色环保标准不断提高

由于国家和社会对日用陶瓷生产过程中的环保管控日趋严格，日用陶瓷企业在生产过程中对绿色发展和环境保护等方面的资金投入也在不断加大，通过打造绿色工厂可以达到生产过程无污染、能源消耗少的效果，是我国从制造大国走向制造强国的重要战略之一。生产原料从进入绿色工厂到变成产品，整个过程是清洁无污染的，它是实现绿色生产的载体，是制造业的生产单元。

陶瓷产业一直属于我国的高污染、高能耗产业，在发展过程中不可避免地会遇到环境污染和资源大量消耗的问题。毫无疑问，陶瓷企业面临着严峻挑战，高耗重污的陶瓷企业会被市场无情淘汰，陶瓷行业中的“绿色生产”与“智能化生产”相结合的新模式必然成为当下制造业发展的主旋律。高耗重污的陶瓷企业必须通过调整产业结构实现产业升级，进行产品品牌的打造，以适应绿色发展的春天。

各产瓷区生态环境保护在“十四五”规划中2025年目标值见表3.3。

表3.3　各产瓷区生态环境保护在“十四五”规划中2025年目标值

项目	江西景德镇市	广东省潮州市	江苏省宜兴市
PM2.5(微克/立方米)	24.8	22	33
空气质量优良天数比率/(%)	98.7	95	82左右
生态质量指数	稳中向好	保持稳定	保持稳定

数据来源：根据各省份官网中“十四五”规划资料整理。

我国是制造业大国，为实现“绿色生产”和“智能化生产”，解决制造业发展过程中带来的资源能源消耗和环境污染问题，尽早建成制造业强国，必须更加积极主动地去构建绿色制造体系，建设智能化绿色厂房。绿色生产是制造业发展的必然趋势，也是我国制造业企业发展的必由之路。在当前绿色发展和智能化生产的大背景下，我国制造业绿色工厂的搭建必将为制造业企业带来新的机遇与挑战。绿色环保是制造业企业继续参与市场竞争的“入场券”，谁先实现产业转型升级，谁就能在未来的市场竞争中拥有主动权。

3.企业转型压力，产业结构调整

首先，传统的日用陶瓷企业大都面临着生产成本高、人才匮乏、生产效率低、生产化和自动化程度低、资源整合能力弱，以及行业规模小、散、乱等问题。因此，智能制造技术的发展对我国日用陶瓷产业的发展有着非同一般的意义。

其次，发展智能制造技术是新一轮工业革命的核心目标，谁先实现智能化，谁就能在未来全球的制造业拥有话语权，因为它能加快制造业企业转型升级的步伐，提升企业的竞争力。

最后，随着国产智能化进程的加速及业内人士的不断努力，智能装备的应用成本会不断降低，国内智能制造条件越来越成熟，日用陶瓷行业智能制造的空间也会不断加大，这也将为日用陶瓷产业升级提供更有利的条件。

通过实施智能制造，日用陶瓷企业不仅可以借助数字装备和新技术，打破日用陶瓷从设计到成品的诸多瓶颈，解决因陶瓷原料、生产工艺等因素导致的日用陶瓷新产品设计得出来但生产不出来的难题。日用陶瓷企业还可以通过机器生产代替技术工人手工生产，逐渐减少对技术工人的依赖度，同时在生产日用陶瓷的原料和燃料方面进行优化节能和回收利用，提高产品的成品率和优品率等，以达到降低日用陶瓷产品生产成本的目的。

如此，不仅可以提高日用陶瓷企业的生产效率，还可以压缩和控制人工成本。新时期我国日用陶瓷企业应积极对接“中国制造 2025”战略目标，把新技术、新工艺深深地融入制造业产业中，推动制造业的智能化与自动化，朝着新一代目标前进，早日实现日用陶瓷生产大国向日用陶瓷生产强国的转变。

3.1.2　微观层面

1.从内部企业管理的角度

1）企业的运营决策

传统的企业管理者的决策通常是根据自身的经验和阅历去作出相应的运营决策，但是这种决策包含太多管理者个人的主观判断，缺乏理性分析。通过构建智能制造体系，可以掌握企业全部的数据信息，通过分析、计算这些数据信息，得到未来的发展趋势，进而作出正确的运营决策。构建了智能制造体系，企业的“软件”实力得到提升，实现了对企业整体的运营流程的全面把控，跟踪企业各个部门的决策内容，作出最优决策，从而全面提升企业的竞争力。

2）企业的生产管理

日用陶瓷的生产组织具有产品类型多、工艺流程复杂、前后道工序相互关联三个特点，通过构建智能制造体系，引入企业智能制造管理系统，日用陶瓷企业可以获取实时准确的现场生产数据，这些数据直接影响企业生产调度的及时性和管理决策的高效性。智能制造体系的构建，可以提升企业的“软件”实力，融合社会现阶段的高精尖技术，企业可以对产品的生产进行良好的把控。一块泥土最终成为一套瓷器，日用陶瓷企业都能进行良好的信息跟踪。通过智能制造的升级，提升企业的“硬件”实力，引进智能生产设备，产品的成品率、优品率都能有大幅度的提升，生产出来的日用陶瓷产品几乎找不到丝毫差别。智能制造系统使用互联网计算机对生产数据进行收集和管理，大大提升了信息的准确性和工作效率。物联网、大数据等信息技术对制造领域的不断渗透，给日用陶瓷制造业带来了巨大变革。提高生产信息化水平、实现智能制造是未来日用陶瓷企业的发展趋势。

综上所述，通过构建智能制造体系，提升企业的“软件”和“硬件”实力，融合社会现阶段的高精尖技术，企业可以对企业内部进行良好的管理，从原料制备到管理决策，企业都能进行良好的信息跟踪。使用智能生产设备能使产品的成品率、优品率及生产效率都有大幅度的提升。

2.从外部市场需求与竞争的角度

1）市场发展变化

随着经济快速发展，消费者的需求呈现出多样化、动态化的趋势，并且随着互联网的发展，消费者的购买途径也越来越多样化，日用陶瓷的市场逐渐扩大，但消费者个性化定制产品的批量小且形状、规格各有不同，传统日用陶瓷企业对于这类产品的生产难度较大。传统的日用陶瓷企业是以产定销，它的目标是通过销售自身生产的陶瓷产品来盈利，而不是根据消费者需求来进行生产的，所以传统日用陶瓷企业很难满足现阶段消费者的个性化定制需求，因此传统日用陶瓷企业也往往会面临一个很大的问题——对市场定位不准确，产品滞销导致仓库积压。通过智能制造的升级，现代日用陶瓷企业可以依据消费者的需求组织生产，将现代互联网技术与现代日用陶瓷产业结合的日用陶瓷企业，可以满足消费者日益增长的个性化定制产品的需求，现阶段的5G＋VR技术和智能化工厂管理系统为个性化定制的生产方式提供了高效的解决方案。客户可以通过5G＋VR技术实时观看自己个性化定制产品的生产过程，企业可以通过智能化工厂管理系统将消费者的需求和陶瓷生产紧密融合。通过智能制造的升级，日用陶瓷企业可以提升市场竞争力，满足消费升级。

2）需求发展变化

近几年来，人们对陶瓷产品的需求量日益增大，但日用陶瓷制造企业数量增加幅度过大，导致当前陶瓷产业市场供需失衡，出现严重的供大于求的现象。同时，我国当前陶瓷市场主要以中低档产品制造为主，售价相对较低，部分企业甚至通过恶意压低价格的方式争夺市场，导致陶瓷行业利润水平直线下滑。与此同时，当前大部分陶瓷制造企业普遍存在重视工艺技术改革、忽略产品设计创新等问题，导致市场中的陶瓷产品大同小异，同质化严重，严重阻碍了陶瓷行业的稳定发展。

综上所述，在人口红利减少的背景下，产业工人的缺失、劳动力成本上升正成为日用陶瓷产业发展的制约因素之一。与此同时，由于环境保护和资源保护等原因，日用陶瓷产业的原料、能源、物流运输和环境保护成本也在逐年增加，以机器替代人工，降低成本、提升效率正逐渐成为一种趋势。

3.2 日用陶瓷企业推进智能制造的可行性

3.2.1 日用陶瓷产业具有智能制造的基础

我国陶瓷生产历史悠久，日用陶瓷已有上千年的发展历史，我国还是日用陶瓷生产和出口大国，日用陶瓷的生产技术不断得到发展，已经形成了完全成熟的生产体系。从原料加工到毛坯加工再到最后的瓷器加工，在一整套日用陶瓷生产流程中，每一个步骤的制造技术都是比较成熟的，并且生产链完整。像陶瓷产业这种劳动密集型产业，之前大多依靠人工，产业工人的生产技术也相当娴熟。

随着陶瓷日常生产技术日趋成熟，智能化生产设备取代以往开放式的半机械手动操作设备，日用陶瓷企业已经实现了一定的智能化。一些传统落后的生产设备和复杂的生产工艺被淘汰，取而代之的是自动喷釉、自动修坯、智能滚压成型等智能化和自动化的先进设备和工艺生产设备，不过这些先进设备大多数依靠进口或从专门的生产商那里花巨资购买。

日用陶瓷生产智能设备及其优点如表3.4所示。

表3.4　日用陶瓷生产智能设备及其优点

设备名称	多工位自动喷釉机	平盘等静压机	单/双速擦底釉机	智能滚压成型机	背负式快速干燥线
特点	批量生产、提升质量	自动填料、自动修坯	擦釉过程自动化	调整更便捷、质量更稳定	先进的内循环喷风方式

数据来源：根据网络资料整理。

随着社会的发展，日用陶瓷的生产成本也在增加，一部分日用陶瓷企业从改进生产技术和实现智能化生产开始，使用清洁能源和智能设备，取代传统生产方式，通过自动过程管理系统和智能设备，达到提高企业的生产效率、提高产品质量、大幅降低能源消耗和生产成本的目的。

3.2.2 部分日用陶瓷企业已尝试智能制造

自从2015年提出“中国制造2025”行动纲领开始，江西省景德镇市、福建省德化县、山东省淄博市、江西省黎川县等国内主要的日用陶瓷产区的日用陶瓷企业开始了日用陶瓷智能制造的转型升级，采取了一系列智能制造的举措，取得明显成效。

各日用陶瓷产区陶瓷企业智能制造举措如表3.5所示。

表3.5 各日用陶瓷产区陶瓷企业智能制造举措

序号	产瓷区/代表企业	智能制造举措
1	江西省景德镇市/景德镇邑山瓷业有限公司	建设全智能化生产厂房，从德国引进顶级自动化生产线，配备一系列智能装备
2	福建省德化县/福建省德化同鑫陶瓷有限公司	引进智能化生产设备，将自动化生产与信息化有机结合起来，建立数字化车间，工业数据云平台已投入运营
3	山东省淄博市/淄博汉青陶瓷有限公司	全面建成数字化设计平台，客户通过自助设计下单，实现柔性生产
4	江西省黎川县/江西帮企陶瓷股份有限公司	引进国内最先进的轻型装配式环保节能燃气隧道窑，以及国内外先进的研发设备及检验检测仪器

数据来源：根据网络资料整理。

3.2.3 其他产业领域智能制造的发展基础

工业4.0、物联网、工业互联网等一系列新兴技术的兴起，为制造业企业推进智能工厂建设提供了良好的技术支撑，全球众多优良制造业企业都开始了对智能工厂的探索。再加上国家政策和资金的大力支持，降低了很多大中型企业建设智能工厂的难度，越来越多的企业开始了新征程，并且主要集中在家电、汽车等行业。

当前家电行业中较为突出的是海尔和美的，这两家企业在全球家电智能工厂中都占据了绝对优势。例如，郑州海尔热水器互联工厂利用5G网络高速度低延时的优点，针对热水器生产过程中的关键技术，平台通过机器视觉、5G、MEC检测运算分析等技术，对压缩机实现自动定位装配、螺母紧固作业和异常报警，极大地提高了热水器的生产效率和质量，利用大数据、互联网和超宽带解决方案，与供应商、工厂及客户建立多种合作关系，订单响应速度大大提升。美的荆州工厂也采取了一种混线生产的模式，这种模式能在多种方案中找到最优项，并且同一条生产线还可以在同一时间做多种批量的产品。依托人工智能的智能化质量管控，从分析到决策实现了对产品品质控制的全面智能化，对质量监控点进行实时质量检测，过程不良率能降低一半以上。

汽车行业的智能制造设备主要包含全自动生产线、智能控制系统、高端数控机床、工业机器人等。通过运用新一代网络信息技术和大数据技术，可以对生产过程中有关产品的生产数据进行收集、整理和归纳，进行优化管理。通过运用大数据技术对整个生产过程进行模拟、预测、评估和优化，来实现设备自动化和智能化的生产制造，汽车制造高度自动化水平越来越高。智能工厂的建设适应了现代汽车制造技术柔性化、自动化、智能化、信息化的发展趋势。2022年4月30日，东风轻型车智能制造和绿色工厂开工，其目标是建成生产透明、管理数字化的轻型商用车智能工厂，这更加说明当前我国汽车行业的智能工厂构建更加成熟了。

第4章

我国日用陶瓷企业智能制造概况

在建筑陶瓷和卫生陶瓷等行业推进了智能制造之后，我国一部分日用陶瓷企业也纷纷进行了智能制造的探索，建筑陶瓷和卫生陶瓷等行业的智能制造为日用陶瓷企业的智能制造发展积累了一定的经验。

4.1 日用陶瓷企业智能制造提出的背景

4.1.1 宏观层面——“中国制造2025”行动纲领的提出和推进

经过70多年的发展，我国制造业不断发展壮大，中国成为了世界制造业中心。但是，我国还需要突破自主核心技术、关键共性技术、精密工艺技术、测试控制技术等研制瓶颈，打破发达国家对我国工业制造的限制和制约，实现中国制造在高端领域的重点突破。智能制造能对我国现有制造业水平进行提升，包括缩短开发周期、降低成本、提升效率等。此外，智能制造将会促使制造业发展出全新的制造模式，包括柔性制造、生物制造、绿色制造、分形制造等。智能制造已成为全球制造业竞争的战略制高点。

我国日用陶瓷产业与其他产业一样，仍然停留在日用陶瓷产量大国上，而非日用陶瓷强国。我国日用陶瓷产业应结合“中国制造2025”行动纲领规划，落实国家绿色发展理念，加快日用陶瓷产业智能制造的推进，实现从日用陶瓷生产大国向日用陶瓷生产强国的转变。

4.1.2 微观层面——日用陶瓷产业发展的瓶颈

在全球陶瓷产业智能制造发展的背景下，中国日用陶瓷产业在产能、产值、出口量、出口额稳定增长的同时，也在逐步推进智能制造的转型升级；不少陶瓷产区政府出台了配套的产业政策，支持企业进行智能制造的发展。

各日用陶瓷产区智能制造部分政策汇总表如表4.1所示。

表4.1 各日用陶瓷产区智能制造部分政策汇总表

序号	产瓷区	日用陶瓷产业智能制造相关政策/计划
1	江西省景德镇市	《景德镇市工业倍增三年行动计划(2021—2023年)》
2	福建省德化县	《关于推动陶瓷产业跨越发展若干措施的通知》
3	广东省潮州市	《潮州市推动陶瓷产业高质量发展实施方案》 《潮州市打造千亿陶瓷产业集群行动方案》
4	江苏省宜兴市	《宜兴市加快推进智能制造发展三年(2020—2022)行动计划》
5	河北省唐山市	—
6	湖南省醴陵市	《关于加快产业突围的实施意见(2019年修订)》 《醴陵市陶瓷智能制造行动计划(2025)》
7	广西壮族自治区北流市	《“两湾”产业融合发展先行试验区(广西·玉林)发展规划(2020—2035年)》
8	山东省淄博市	《关于加快推进工业新旧动能转换的若干政策》 《关于加快新一代人工智能融合发展的实施意见》
9	江西省黎川县	—

1.生产成本

一方面，日用陶瓷生产所需的高岭土等原料、天然气等燃料、包装盒等辅料的价格均在逐年上涨；另一方面，国家对日用陶瓷生产的绿色环保管控日趋严格，日用陶瓷企业在绿化生产过程中环保等方面的设备、工艺改良等的投入在逐年增加。与此同时，我国日用陶瓷产品的市场价格一直偏低，但生产成本却在上涨。通过智能制造，在原料和燃料方面进行节能优化和回收利用，同时提高产品的成品率、合格率及优品率等，降低了日用陶瓷产品的生产成本。

2.产业工人

相比建筑陶瓷和卫生陶瓷行业，日用陶瓷行业的机械化、信息化、自动化程度较差，很多生产工艺和工序，还需要依赖“师徒传承”的方式来培养和储备产业工人，不仅培养成本偏高，而且培养周期也较长。企业培养出来的技术工人又极可能跳槽至其他日用陶瓷企业或自己开设一个陶瓷作坊，为此越来越多的日用陶瓷企业不再对员工培养培训进行投入。

相比其他工作岗位，技术工人的工资待遇并不低。但由于各种社会原因，越来越少的年轻人选择到日用陶瓷生产企业工作。日用陶瓷产业工人“断代”情况日趋明显，不少日用陶瓷生产企业高薪也很难聘请到熟练的产业工人。由此，日用陶瓷企业的用工成本不断上涨。

智能制造的实施通过“自动化设备减人”“机器人换人”，逐渐减少日用陶瓷企业对产业工人的依赖，甚至是对需要多年学徒才能胜任的生产工序的依赖。如此，不仅提高了企业的生产效率，还减少了人工成本。

3.市场需求

随着社会的进步和发展，“90后”和“00后”逐渐成为市场的主流消费人群，人们生活水平逐渐提高，居住环境和条件逐渐得到改善，除了对中高档建筑陶瓷和卫生陶瓷有需求，对与之匹配的中高档餐具、茶具、陶瓷工艺品等的需求也与日俱增。通过智能制造，一方面，日用陶瓷企业可以逐渐实现高端日用陶瓷产品的设计、研发、生产等；另一方面，日用陶瓷企业可以实现中等批量的个性化定制，或以较低成本完成单套（单个）产品的个性化订单。

4.2　日用陶瓷企业智能制造发展的阶段

日用陶瓷企业的智能制造是在2015年的“中国制造2025”行动纲领提出之时明确的，在此之前，日用陶瓷企业生产制造的发展呈现无序、盲目扩张的趋势。2015年，部分日用陶瓷企业开始参与到推进自身企业生产制造智能化进程中，尤其是江西省景德镇市、福建省德化县、江西省黎川县、山东省淄博市、湖南省醴陵市及广东省潮州市等国内主要的日用陶瓷产区的众多日用陶瓷企业纷纷开始了智能制造的转型升级。但就整体而言，日用陶瓷行业还处于智能制造起步阶段，无论是从企业的各个制造环节流转智能化程度，还是从企业产品生产的机械化程度来看，都还没有实现真正意义上的“智能制造”。

4.2.1 单机尝试阶段

2015年之前，一些日用陶瓷企业已经开始尝试引进国外先进生产技术及生产设备，加快企业自身制造能力的发展。虽然刚开始出现了一些“发展方向不明确”“实施过程中忽略重点及关键点”等不良现象，但其部分尝试使企业自身生产能力的自动化和生产工序的改良化有了明显的提高，在一定程度上为日后日用陶瓷产业“智能化”发展提供经验借鉴。2015年“中国制造2025”行动纲领的提出坚定了众多日用陶瓷企业迈出日用陶瓷制造智能化步伐，如RL红叶、冠福、华光等日用陶瓷企业更是积极引进国外先进智能生产设备及技术，在生产工序改良和生产流程规范上取得明显的成效。但由于使用规模小，生产效率提升不明显，对日用陶瓷产业智能制造的探索还停留在初始阶段。

4.2.2 车间尝试阶段

从2017年到2020年，日用陶瓷企业在项目落地及应用技术改良方面有了更深入的探索，使得企业智能制造能力由点向面拓展，在原有工序的改良上取得更科学、更有效率的成果。如2017年3月，玉祥瓷业正式开始了自己真正意义上的第一个日用陶瓷智能制造项目，一个12600平方米的日用陶瓷智能制造车间落户于该企业制造中心，在原有车间内引进了喷雾干燥塔、自动喷釉线、修坯机等国产先进设备及相应技术工艺，同时建设的一条全长100米的节能型日用陶瓷辊道窑将有效帮助该车间实现产品无须人工修坯、无须人工干燥的目标，大大降低了人工操作对产品质量和生产效率的影响。生产出来的产品坯体强度高、规整度高，有效提高了产品质量和生产效率，进而也提高了玉祥瓷业日用陶瓷产品和企业的市场竞争力。但是，日用陶瓷企业制造智能化目前还只停留在较初级的层次，生产线的生产状况更多还是依靠简单系统指令控制及人工操作进行辅助，在“自我制造、自我改良”方面还存在很多不足。

4.2.3　智能工厂尝试阶段

2021年开始，在国家政策的引导下，各日用陶瓷企业积极参与的日用陶瓷产业发展格局开始真正形成，对日用陶瓷产业来说，这意味着高速度、高质量的日用陶瓷智能制造发展进程开始了，同时更好的外部条件有助于日用陶瓷产业向下和向上更深入地发展：向下突破传统材料工艺限制，向上使制造与市场沟通更全面、更有效率、质量更高。如2021年，在首批陶瓷产业国家工业设计研究院落实建设名单中，福建省德化县成功迎来一家国家陶瓷研究院——国家陶瓷行业工业设计研究院。其日用陶瓷5G智慧工厂项目对企业在产品创新及数字化方面的发展具有重要的推动作用，该项目从人工智能、科学与艺术、新材料、标准与管理、大数据等方向对传统生产模式进行改革式创新尝试，通过新技术和新设计的结合，推动原有生产工艺和工序向科学化、智能化发展。这是日用陶瓷行业智能制造深入发展的一次具体尝试，但日用陶瓷企业的智能制造发展还处于整体初步推进阶段，在核心技术发展和应用上还存在许多需要克服的问题。

综上所述，我国日用陶瓷产业的智能制造还处于“有一定发展成果，但缺乏实质性突破”的状态。在现有条件下，智能制造值不值得去推动，智能制造的发展方向应当切合当下哪些实际需求，如何将相关装备和技术（工艺）应用于智能制造，以及如何提高其有效性等一系列待思考和解决的问题，都需要进行相关研究和实践，通过提供有效数据支撑的方案来解决，最终达到提高我国日用陶瓷产业智能化发展水平的目的。

4.3 日用陶瓷企业智能制造的发展现状

自“中国制造2025”行动纲领于2015年5月提出开始，江西省景德镇市、江西省黎川县、福建省德化县、广东省潮州市、湖南省醴陵市以及山东省淄博市等国内主要的日用陶瓷产区的众多日用陶瓷企业纷纷开始向智能制造转型升级。

各日用陶瓷产区各日用陶瓷企业现有的做法见表4.2。

表4.2 各日用陶瓷产区各日用陶瓷企业现有的做法

序号	产瓷区/代表企业	智能制造现状	推进智能制造后的结果
1	江西省景德镇市/景德镇邑山瓷业有限公司[①]——陶瓷智造工坊	成立于2014年5月；2017年，该公司投资7.5亿元打造了一个占地246亩、28万平方米的陶瓷智造工坊，是一个全智能化生产的厂房。 等静压、空心注浆、高压注浆、自动滚压线、自动上釉、自动磨底，自动烧成素烧隧道窑。 从德国引进了7条世界顶级自动化生产线	(1)智能化升级后，一台设备一小时至少可生产300件产品，相当于过去半自动化设备一天的产量。 (2)有效解决了陶瓷制品易变形的难题，变形率从15%降到5%左右。 (3)借助3D建模系统和3D打印设备，从设计、打样到制造只需15天，比采用传统制造方式生产的陶瓷企业缩短了50%的生产周期。 (4)借助数字化技术和新工艺，设计到产品的转化率从30%提升到80%，生产更有保障，设计空间也大大扩展，可助力产品从低端走向高端

①央媒看瓷都‖加快智能化，提升附加值，拓展新市场……陶瓷业淬炼“硬本领”，https://www.sohu.com/a/420343797_660960。

续表

序号	产瓷区/代表企业	智能制造现状	推进智能制造后的结果
2	江西神景德镇市/景德镇市瓷海瓷业有限公司①	—	(1)产品的硬度和韧性增加了15%。 (2)以1吨废瓷为原料,可实现60万元的产值
3	福建省德化县/陆升(福建)集团有限公司	引进日本进口全自动滚压成型生产线、全自动上釉机器人生产线,拥有日用陶瓷坯体成型全自动注浆生产线、68米自动控制新型节能环保隧道窑等先进生产设备,并使用ERP及MES等系统	每件产品底部都印有生产日期,保质期为5年,5年期间,产品若在正常使用出现刮痕、破裂等现象均可免费退换
4	福建省德化县/福建省德化同鑫陶瓷有限公司	2014年,成立了信息化部门,开始着手研发、设计信息化在生产制造工序的应用。 2016年,公司引进陶瓷自动滚压成型生产线和窑炉烧成智能控制系统,将自动化生产与信息化有机结合,建设数字化车间。 2017年,同鑫启动建设智能制造信息化和标准化生产车间项目,引进17条日用陶瓷成型自动化生产线、6条自动注浆生产线、6个日用陶瓷自动化烧成隧道窑、5台自动上釉机等智能化生产设备。 2018年,公司通过两化融合管理体系评定。 2019年7月,工业数据完成云平台上传及导入,目前已投入运营中。	(1)1条自动化成型生产线只需1个工人辅助就能完成所有工序。1个工人将泥条放入成型生产线上,泥条切断、泥饼放置、滚压成型、自动烘干等工序均由设备自动完成。1条自动化成型生产线用人可减少15人,效率提升1倍;每年可以减少人工成本600万元。在机头部位,1个工人可同时管理2台机器,机尾仅需1个工人捡坯。自动化成型生产线的效率是人工的6~7倍,还可减少40%的人工。 (2)全自动注浆、滚压成型系统等智能设备生产出来的产品规格标准,极大地提高了产品合格率;最终生产成品率从91%提升至96%,有效提升了产品品质。

①央媒看瓷都 加快智能化,提升附加值,拓展新市场……陶瓷业淬炼"硬本领",https://www.sohu.com/a/420343797_660960。

续表

序号	产瓷区/代表企业	智能制造现状	推进智能制造后的结果
4	福建省德化县/福建省德化同鑫陶瓷有限公司	信息化技术的应用让同鑫实现了从设计研发、生产、采购、质量管理、财务管理、业务管理等工序100%信息化管理覆盖	（3）每个订单全程自动化和信息化运作，能有效避免人为因素耽误生产进度或影响整个生产下达的准确性，可提高20%的生产效率。 （4）降低了20%运营成本。 （5）3D打印、陶瓷瓷土一次成型及微波极速烘干等工艺，能使陶瓷打样从7天缩短成1天
5	福建省德化县/福建省德化协发光洋陶器有限公司①②	引进6条日本先进全自动成型机、8台印花机，建设2条新型节能隧道窑，以及现代化流水线釉彩车间，投建污水处理系统、天然气余热回收利用系统等配套设施	（1）窑炉节能优化和余热利用改造项目每年可节约天然气、人工等成本1800多万元，有力地促进了扩大再生产及产业升级。 （2）次品率从以往人工生产的15%降为目前的2%～3%
6	广东省潮州市/广东松发陶瓷股份有限公司③	—	（1）从泥条至成品，原先需要几天时间，现在一天就能完成 （2）自动线一台机器每分钟生产15～16个产品，1个小时能生产近1000个，按照正常日工作时间，一天一条线能实现10000个产量。 （3）车间只需十几名管理人员和线下辅助工人，全部工序均线上完成，省力又省心

① 德化县4家陶瓷企业示范生产线奔向智能制造 http://www.clii.com.cn/zhhylm/zhhylmHangYeZiXun/201508/t20150805_3876585.html。

② 光荣上榜！德化这家企业，太牛了！https://xw.qq.com/cmsid/20210512A03NEU00。

③ 自动化车间智能化生产 潮州陶瓷产业竞争力大提升 https://www.sohu.com/a/413482366_120214184。

续表

序号	产瓷区/代表企业	智能制造现状	推进智能制造后的结果
7	广东省潮州市/广东皓明陶瓷科技有限公司①	广东皓明陶瓷科技有限公司智能工厂建成"5G+VR"科创中心；约200个工业机器人伸展手臂，沿着设定的轨迹不停运作	(1)疫情期间，国内外客户通过"5G+VR"体验中心，实时了解订单情况，还通过产品的VR建模，实时了解产品的质量，跟进整个出货的流程，让客户更放心。 (2)不见以往陶瓷车间尘土飞扬的景象。 (3)一条炉窑生产线从产品成型到施釉，正常大概需要20人。采用智能化生产后，仅需4~5人。 (4)智能化生产可以克服传统陶瓷生产线上一些不可控因素导致的瑕疵，产品质量更符合客户要求②
8	广东省潮州市/潮州市海鸿陶瓷制作有限公司	—	一条自动滚压生产线的产量相当于10个人工的产量，不仅效率提高了，还缓解了企业缺员的问题
9	广东省潮州市/潮州市汇丰陶瓷工艺制作有限公司	—	一台设备的工作量可以替代20个人工作量

①潮州：倾力打造千亿陶瓷产业集群 http://bendi.news.163.com/guangdong/21/0101/10/FV8GC4UI04179HUV.html。

②"智造"升级"制造"，"实地观摩＋现场推介"探路潮州产业转型 https://www.163.com/dy/article/FTEP8BAR055004XG.html。

续表

序号	产瓷区/代表企业	智能制造现状	推进智能制造后的结果
10	湖南省醴陵市/醴陵陶润实业发展有限公司①	2020年3月，醴陵陶润实业发展有限公司（简称陶润实业）建设6000多平方米的智能化立体仓库，配备重型货架，标准化托盘、三向智能叉车设备，并配置了供应链管理系统，提高了公司的仓储管理和仓储作业效率；9月，陶润实业建设智能制造示范车间，引进智能制造成型类自动线、高压注浆机、上釉机器人、辊道釉烧窑、全自动节能素烧窑、AGV智能搬运车等自动化设备和智能化软件，提高企业的生产能力和产品质量，并运用MES、ERP等数字化设备管理系统，提高企业的综合管理能力	—
11	湖南省醴陵市/湖南玉祥瓷业有限公司	2018年建成全省首条陶瓷等静压自动生产线。 自动化生产车间宽敞明亮，遍布生产线的机械手臂装有28个感应器，自动感应环线皮带上的碟盘，精准抓取，分毫不差。成型的产品通过吊篮系统，升至二楼，进入自动窑炉，经过淬炼，完成由泥至瓷的生产	（1）减少了50%的用工。 （2）减少了18%的过程损耗。 （3）提高了15%以上的产品合格率。 （4）传统陶瓷生产线有30多道工序，等静压自动生产线将工序缩至7道，不仅节能降耗，还提高了产品合格率

①传统产业突围 醴陵开辟了新路径 https://xw.qq.com/cmsid/20210114A0BTV200。

续表

序号	产瓷区/代表企业	智能制造现状	推进智能制造后的结果
12	山东省淄博市/淄博汉青陶瓷有限公司	利用工业互联网技术的对标学习，全面建成数字化设计平台，通过网络协同，建立线上3D展示，客户通过模块化的自主设计实现产品轻定制和自助下单，企业的柔性生产大大降低了库存风险。线上个性定制对缩短新产品开发周期、提高产品竞争力有积极的推动作用。 2019年汉青陶瓷通过技术改造，投资3800万元建成年产200万件日用陶瓷产品生产线，引进新技术，新建高温釉中彩窑炉6座，全程使用清洁电能，微电脑温控，安全环保，无有害气体排放	(1)该项目技术改造可增加产值2000万元，实现利税180余万元，提供就业岗位60个。 (2)结合体验式展厅陈列，引进增强现实的VR三维成像技术，把酒店及家居环境融入展厅，让客户所见即所得，打造场景式购物环境，在虚拟现实中体验陶瓷之美
13	江西抚州市黎川县/江西帮企陶瓷股份有限公司①	引进了国内先进的轻型装配式环保节能燃气隧道窑、SKK全自动数控滚压成型生产线5条，以及国内外先进的研发设备及检验检测仪器	(1)可以降低成本、缩短产品周期，以前手工生产同样的瓷煲盖子要2天，现在只要不到1天的时间，而且产量和成品率更高。 (2)生产车间内，不见以往陶瓷车间的尘土飞扬，车间现场干净整洁，多台智能生产设备高速运转。 (3)预计每年可节约70%的人力成本，产品质量也能提升5%～6%

①“制造”变“智造” 黎川陶瓷产业如虎添翼 http://www.jxfz.gov.cn/art/2021/6/7/art_14_3700100.html。

这些产瓷区的日用陶瓷企业通过推进智能制造，已在以下几个方面实现了突破。

4.3.1 生产效率提升

通过智能制造，日用陶瓷企业借助智能设备的运用、工艺流程的优化、信息化技术的辅助等，改变了以往“半机械化＋半手工化”的生产方式，极大地提升了日用陶瓷产品的生产效率。以景德镇邑山瓷业有限公司的陶瓷智造工坊为例，其在引进德国7条世界顶级自动化生产线之后，每台设备的生产效率达到了每小时生产300件，相当于半自动化设备一天的产量。福建省德化同鑫陶瓷有限公司则通过订单全程自动化和信息化的运作，极大地减少了人为因素对生产进度或生产计划的影响，生产效率提高了20％以上。

4.3.2 产品品质提高

通过智能制造，日用陶瓷企业逐渐减少了日用陶瓷产品的不确定性，即产品品质的不易控制性。全自动注浆、滚压成型等智能设备促使产品规格标准，极大地提高了产品的合格率和优等品率。如陶瓷智造工坊有效解决了日用陶瓷产品易变形的技术难点，变形率下降了10％左右，景德镇市瓷海瓷业有限公司的产品硬度和韧性提高了15％，有效缓解了日用陶瓷产品易碎的“天生缺陷”。

4.3.3 生产周期缩短

通过智能制造，日用陶瓷企业在设计、打样、成型、施釉、烘干、烧制、质检、包装、仓储等环节，与原有传统制造环节相比，生产周期极大缩短。如陶瓷智造工坊通过使用3D建模系统和3D打印设备，使日用陶瓷产品的生产周期缩短一半，从30天减少至15天。福建省德化同鑫陶瓷有限公司借助3D打印、瓷土一次成型、微波极速烘干等工艺，将陶瓷产品的打样周期从1周缩减为1

天。广东松发陶瓷股份有限公司更是将产品从泥条到成品的生产周期从几天缩减至1天。

4.3.4　产品转化率提高

通过智能制造，日用陶瓷企业借助数字化技术和新工艺，突破了日用陶瓷设计到成品的诸多限制，解决了因陶瓷材质、形状、工艺等因素导致的“能设计出来，但生产不出来或无法低成本批量生产”的难题。如陶瓷制造工坊的日用陶瓷产品，从设计到成品的转化率从30%提高至80%，在花面、器型等方面给予了设计师更大的发挥空间，原本在陶瓷材质上无法实现的颜色和线条、无法实现的形状，均可以实现量产，促进了日用陶瓷产品的高端化推进。

4.3.5　工人的使用量减少

通过智能制造，日用陶瓷企业的生产车间和生产线的管理人员、生产工人、辅助工人的数量大幅减少，既有效地降低了企业的人工成本，又减少了对技术工人的依赖。福建省德化同鑫陶瓷有限公司一条自动化成型生产线将16名工人减至1名，每年节省人工成本600万元。广东松发陶瓷股份有限公司一个完整的生产车间仅需不超过20人的管理人员和线下辅助工人。

4.3.6　客户下单量增加

通过智能制造，日用陶瓷企业借助5G技术和VR技术，可以使客户实时了解产品生产进度和产品品质，吸引更多客户向企业下单。如广东皓明陶瓷科技有限公司智能工厂的“5G＋VR”科创中心，让国内外客户实时了解产品的生产进度和品质，促使客户更加放心地下单。

4.3.7 生产环节可视化

传统的日用陶瓷生产，需要工作人员到生产车间巡视，了解设备的运行情况。车间的巡视以工作人员为主，在这一过程中，巡视人员可能疏忽、遗漏对某一设备的检查，这就有可能影响日用陶瓷产品的生产进程。日用陶瓷企业通过智能制造改造，可以对产品的生产过程进行监控，机器一旦出现故障，监控人员可以及时了解情况并通知技术人员对设备进行修理。以广东皓明陶瓷科技有限公司为例，该公司将VR眼镜的可视化功能与监控设备的传递功能相结合，通过5G技术进行数据转换，实现对生产车间的实时监控，有效地降低了人为因素对生产过程的影响。

4.3.8 生产车间环境优化

通过智能制造，智能生产设备和生产线替代了以往开放式的人工操作、半机械化设备等，在日用陶瓷产品生产的同时，将废水、废气、废渣、噪声等污染控制到最低甚至达到零排放，整个生产车间符合6S标准。如江西帮企陶瓷股份有限公司的陶瓷煲生产车间，不见以往尘土飞扬的场景，取而代之的是干净整洁的生产现场；又如广西三环企业集团股份有限公司在生产线中装上除尘脱硫设备，使废气的排放得到了有效控制，同时与环保局在线监控平台联网，对产品生产时的废水、废气排放进行24小时在线监控。福建省德化协发光洋陶器有限公司也有类似举措，在实施智能生产的同时建立了污水处理系统及天然气余热回收利用系统，实现生产绿色化，推动着企业绿色生产的进程。

4.4 日用陶瓷企业推进智能制造的阻碍

尽管日用陶瓷企业通过实施智能制造，提高了企业日用陶瓷产品的生产效率及产品品质，但是由于各种原因，日用陶瓷企业在生产端智能制造改革进行得并不彻底，在一定程度上阻碍了日用陶瓷企业智能制造由生产端向其他方面推进，延缓了日用陶瓷企业智能制造全面化的进程。

4.4.1　智能设备以单机形式出现，智能化水平有待提高

日用陶瓷企业智能制造是以智能生产设备为基础开展的，智能生产设备是由制造商提供的。但是制造商更多以单机的形式向日用陶瓷企业供应设备，向日用陶瓷企业提供整条自动化生产线的制造商几乎没有。这种情况导致智能生产设备之间不能实现无缝对接，需要人工操作设备进行生产工作。因此，日用陶瓷企业不能实现生产线的智能化，智能生产车间也难以成立，只能对生产的单个环节实现智能制造。

以福建省德化同鑫陶瓷有限公司为例，该公司在日用陶瓷生产过程中使用了日用陶瓷成型自动化生产线、自动注浆生产线、日用陶瓷自动化烧成隧道窑、自动上釉机等智能生产设备，但这些设备都是独立运行的，生产过程无法实现无缝衔接，需要人力将各个过程衔接起来，才能推进生产进程。

4.4.2　部分生产工序暂时无法实现智能化，智能设备应用出现新问题

1.有的步骤采用手工的方式可能比机器更有效

日用陶瓷企业通过实施智能制造，使陶瓷产品的生产工序由机器取代人工实施，在避免不确定因素的同时加快产品的生产过程，但是，这不能说明产品的所有工序企业都会选择由设备进行生产。景德镇富玉青花玲珑陶瓷有限公司（以下简称富玉陶瓷）的生产工序就是采用了智能化配合手工的方式，下面以富玉陶瓷为例进行说明。富玉陶瓷的日用陶瓷画面设计通过机器生产的成品并不能与手工雕刻的成品媲美，在画面的丰裕度方面有所欠缺。而且机器作业相较于手工雕刻显得笨拙，所以受限于产品的器型，有些设备并不能对半成品进行加工。

2.通过智能设备生产产品时，设备对于半成品具有负面影响

尽管日用陶瓷企业在生产过程中使用了智能设备，减少了人为因素对产品生产的干扰，但是也有新的问题产生。以富玉陶瓷为例，富玉陶瓷在生产日用陶瓷产品的过程中有一道生产工序使用自动喷砂机，使用自动喷砂机确实在一定程度上加快了产品的生产，但是坯体通过自动喷砂机喷砂后进行高温烧制，会使坯体上胶从而不能达到上釉的目的。专业人员也曾试过用米糊洗去坯体上的胶，但没有任何效果，只有对坯体进行二次速烧上釉才能有效解决这个问题。可是如果每件产品都二次速烧，企业又需要承担一大笔能源消耗方面的开销。

4.4.3 生产数据不能实时了解，设备运行参数不能实时反馈

智能设备运行时参数在一定的范围内才能保证设备的正常运转，而这些设备的运行参数需要人工采集、汇总，然后经过专业人员分析后才能判断设备的运行情况。如果工作人员采集的设备运行参数的时效性不强，会影响专业人员对数据的分析。单一设备的运行数据可以收集，生产线上产品的数据却难以收集，整个生产过程综合数据更是获取不了。

以惠达卫浴股份有限公司为例，通过“5G＋数字化看板”技术的使用，不仅可以对日用陶瓷生产过程中的产能、每个生产工序的质量情况及车间制品情况进行监控，还可以实时了解窑炉的温度、厂房内的温度，实现工厂生产透明化（图4.1）。

图4.1 “5G+数字化看板”与分析

4.5　日用陶瓷企业智能制造受阻产生的原因

我国日用陶瓷产区主要包括江西省景德镇市、福建省德化县、河北省邯郸市、江苏省宜兴市等。目前现阶段部分产瓷区已有一些企业在推进智能制造升级，例如，景德镇邑山瓷业有限公司的陶瓷智造工坊，在其引进德国7条世界顶级自动化生产线之后，每台设备的产量可达到每小时300件，相当于半自动化设备一天的产量。又如，在福建省德化新博龙陶瓷有限公司的智能化陶瓷生产示范车间内，由德化县中科陶瓷智能装备研究院研发的国内首台“滚压多瓣模”自动化设备落地运行，这套设备改进了传统的人工切泥、人工投泥、人工取放模型的日用瓷滚压成型方法，通过技术创新，实现了机器自动切泥、自动投泥、滚压成型、自动取模取坯。该项技术的应用可降低约60%的劳动强度，提升约10%的作业效率，并将陶瓷产品的打样周期从1周缩减为1天。

通过资料收集和实地考察，这些日用陶瓷产区的企业虽已进行相应的智能化升级，但总体来说还是属于单机智能化，即每个智能设备都是独立的个体，相互之间缺乏联系，还不能称为完全的智能化，不能完全智能化的具体原因如下。

4.5.1　需要投入大量资金

一个智能设备对于大部分企业来说是能负担得起的，但是想要把整套智能设备都购买回来，并组建相应的智能生产控制系统，加上其他智能设备的购置，这笔投入是巨大的，不仅如此，转型升级为智能制造，还需对组织进行整体改革，改革的内容包括生产技术、销售模式、营销手段等，这些都需要企业投入大量的资金去进行改造。

4.5.2 生产部分工序难以实现机械化、智能化生产

日用陶瓷的种类、形状繁多并且其生产工序也有所不同，有些特殊产品的工序精细且灵活，机械化、智能化生产很难达到人工生产的程度。

4.5.3 现阶段陶瓷设备难以满足企业生产需求

对大企业来说，智能制造可以提供助力，能加快企业的生产速度，提高生产效率。对规模较小的企业来说，库存和材料成本过高导致企业不适合智能化转型。

4.5.4 企业销售模式问题

部分企业主打手工陶瓷销售，如果进行智能化转型，则企业的销售模式就要改变，因此这些企业就不会考虑智能化升级或者智能化升级进度较慢。

4.5.5 人力资源管理问题

日用陶瓷生产企业中的大部分生产工人都是拥有较强技术的资深人员，他们通常年龄稍大、知识文化水平较低。企业如果要进行智能化转型升级，就需要具有较高知识文化水平的人去检查、维护设备，但是具备较高知识水平的人不一定了解陶瓷，这样就造成了企业人力资源的问题。

4.6 日用陶瓷产业智能制造下一步的思考

我国日用陶瓷产业虽然已取得一些方面的突破，在智能制造战略上迈出了第一步，但从目前的实施现状来看，单个工序、单个环节、单台设备的智能制造转型占比较大，整条生产线、整个车间、整个工厂的智能制造尚未建立。所

以，应紧扣以下重点任务，加快日用陶瓷产业智能制造的实现。

4.6.1　以“政府+行业协会+企业”的形式，共同推进日用陶瓷行业的智能制造

由于日用陶瓷企业普遍规模不大、产值不高，若以某一企业一己之力，很难全面、高质量地进行智能制造转型。笔者建议由政府出台相关产业政策和帮扶措施，引导企业参与智能制造战略实施。同时，由行业协会组织协调同一产瓷区甚至是跨产瓷区的多家日用陶瓷企业分工合作完成某项具体事务。

4.6.2　全产业链角度，共同推进日用陶瓷产业的智能制造

日用陶瓷产业的智能制造并不仅仅由日用陶瓷产品制造企业来承担和实现，应从全产业链的视角，加快上游企业原料标准化、生产装备智能化、产品工业设计信息化，加快重点技术和设备的研发和生产，为日用陶瓷企业的智能制造奠定坚实的基础。下游企业中的销售类和物流类企业也应加大投入，将企业的运行体系与日用陶瓷生产制造企业的生产和分销体系对接，为终端市场的智能化营销提供实施条件。

4.6.3　以跨界思维，引导和推进日用陶瓷产业的智能制造

在制造行业中，日用陶瓷产业的机械化、自动化、信息化程度不高，要推进智能制造，首先，可以学习建筑陶瓷、卫生陶瓷行业的成熟经验，在陶瓷产品生产的所有工序上进行智能化升级，甚至向建筑陶瓷、卫生陶瓷等智能制造装备、生产线、车间方面的供应商提出个性化需求，快速整合日用陶瓷智能制造的上游资源，满足企业智能制造的推进。其次，可以多了解信息技术产业在大数据、云计算等领域的最新成果，为日用陶瓷智能生产线的数据采集、数据分析、数据运用及数据储存提供构建路径。最后，工业机器人行业也应是日用陶瓷企业关注的重点之一，为“机器人换人”等智能化的转型提供实现的可能。

4.6.4 以校企合作方式，加速推进日用陶瓷产业的智能制造

工业和信息化部下属的各个研究所、景德镇陶瓷大学等高校，均是日用陶瓷产区政府和企业开展“政、产、学、研”的优质合作伙伴。前者在信息工程与技术，后者在陶瓷材料、装备、设计、工艺、节能环保等领域，均有大量的与智能制造有关的科研成果和专利技术。通过各种形式的合作，可以有效缩短日用陶瓷企业智能制造的基础性研究时间，加快应用型研究的进度。

4.6.5 以分步走的战略步骤，有序推进日用陶瓷产业的智能制造

参照“中国制造2025”行动纲领的技术路线图，日用陶瓷产业的智能制造并非一蹴而就，可采用“单台设备—单条生产线—单个生产车间—单个制造工厂—产业链合作企业”的战略步骤，分阶段、有重点地逐步推进日用陶瓷产业的智能制造转型升级。

总之，日用陶瓷产业的智能制造还处于“摸着石头过河”的状态，要不要推进智能制造、智能制造在日用陶瓷产业中要实现哪些实质性内容、怎么将相关技术（工艺）和装备用于智能制造的实质性提升等一系列问题，还有待政府、行业、组织、企业、科研院所等多个主体，在各自的领域，系统化地共同开展相关研究和实践工作，以最终提高我国日用陶瓷产业国际化发展水平。

第5章

我国日用陶瓷企业智能制造体系的构建及实现

基于日用陶瓷产业发展的需要，以及日用陶瓷企业及其智能化实施的现状，借鉴建筑陶瓷和卫生陶瓷等相似领域的成功做法和经验，对日用陶瓷企业进行智能制造体系的构建和实践成为当下日用陶瓷企业必然面临的问题。

5.1　日用陶瓷企业智能制造体系的构建

5.1.1　智能制造体系总框架

随着社会发展进程的不断加快，人们逐渐认识到产品智能化、信息化生产的重要性，虽然我国的日用陶瓷行业在国际市场中占据一席之地，但是日用陶瓷智能化起步较晚，为了更好地顺应时代的发展，日用陶瓷的智能制造成为现今发展的主要趋势。

现阶段我国很多日用陶瓷企业已经进行了智能制造转型，但还是存在许多问题，需根据这些问题重新构建一个智能制造体系总框架。智能制造体系包括智能技术（如大数据、云计算、边缘计算等）、创新管理模式、创新管理方法等，通过智能决策，下达合理的指令，再通过智能制造生产系统，将企业的运营、生产、服务等各个环节进行智能串接，从而解决之前智能化未解决的问题。重新构建的智能制造体系不仅提高了日用陶瓷生产制造的效率和日用陶瓷产品精度、合格率，还能将企业所推进的智能化全部联系起来，为日用陶瓷企业创造更大效益。智能制造体系总框架图如图5.1所示。

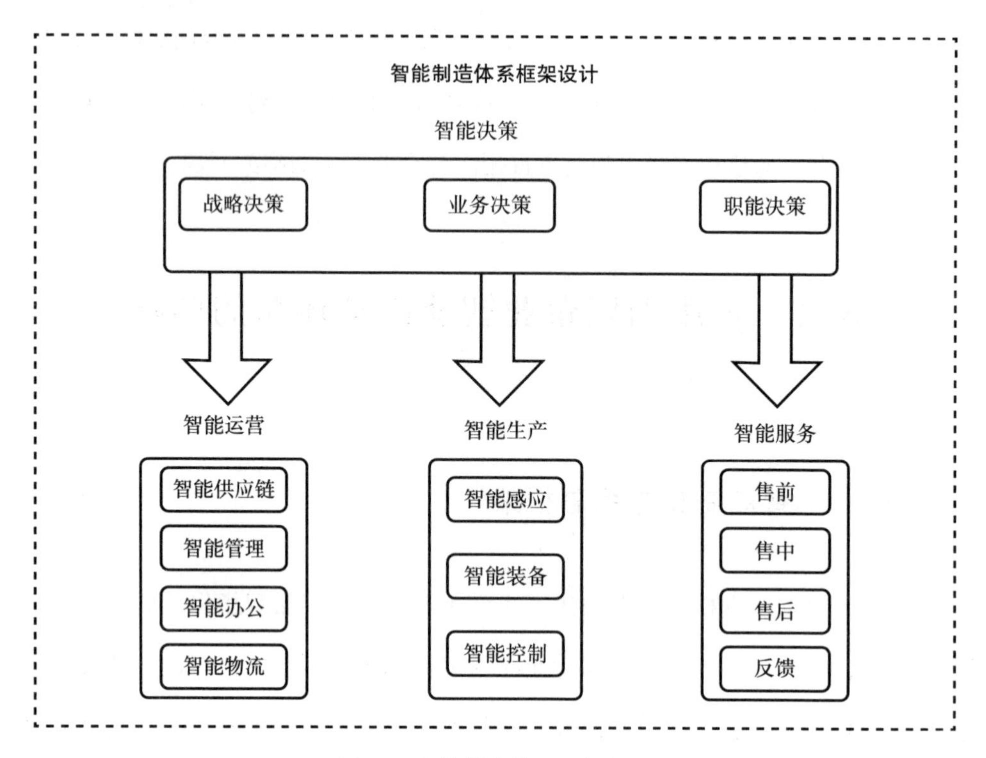

图5.1 智能制造体系总框架图

5.1.2 智能决策端

在智能决策端，企业依靠智能制造技术和智能制造管理系统，通过智能机器人监视企业各个流程的数据，将企业的运营数据、生产数据、服务数据等相关信息进行专业化技术处理，处理流程包括数据收集、数据处理、数据管理。数据收集就是智能机器人监视各个流程所收集的数据；数据处理就是通过云计算、边缘计算等相关技术，对收集的数据进行分析处理，帮助决策者更直观、更理性地了解每个决策中可能出现的问题；数据管理就是将处理好的信息进行规整，建立企业自身的信息数据库，为以后的各类决策提供相关信息。在智能决策端，不同部门的决策者可以通过企业的可视化平台，更加直观地了解所需的决策信息，进而更容易作出正确的决策。智能决策端流程图如图5.2所示。

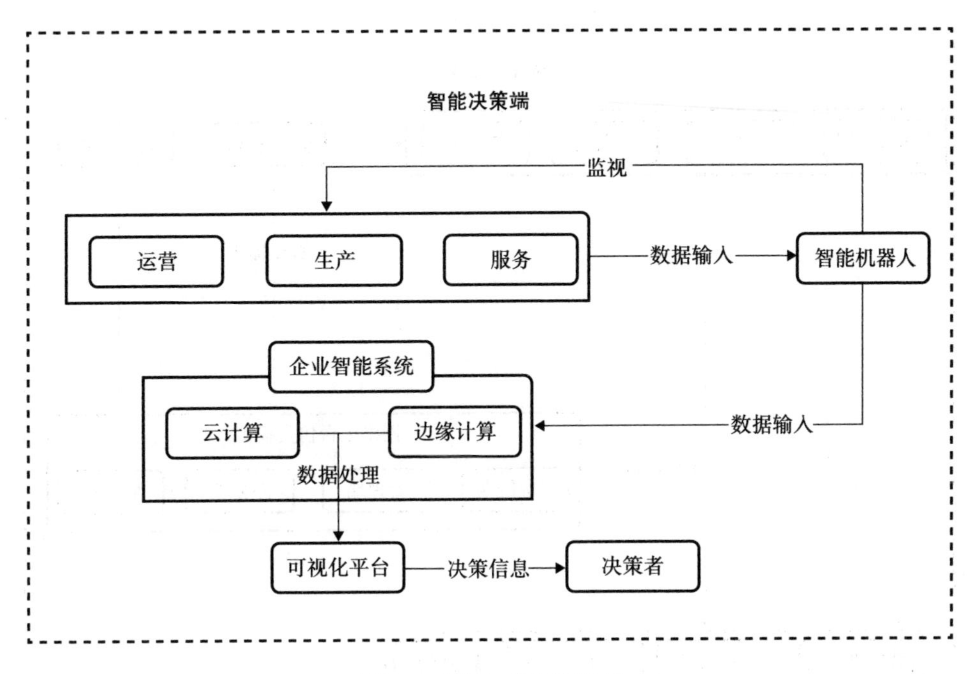

图5.2 智能决策端流程图

5.1.3 智能运营端

在智能运营端，每一个业务流程都是通过计算机网络实现的，在每一个业务流程中配有智能机器人进行监视，利用智能技术构建网络平台仿真模拟运行，这个平台可以仿真模拟每一个决策下达之后，业务流程将采取何种措施去完成这个决策。随后将网络平台仿真模拟运行与实际运营状态相对比，将网络平台仿真模拟数据进行输入，从而得到智能运营。智能运营端还可以借助覆盖各个业务流程的智能机器人，监视各个部分的工作状态，判断各个部分的工作状态与合理工作状态是否存在差异，如果存在差异，则对智能控制机器人下达控制指令，纠正错误以达到最合理的工作状态，从而使企业的运营效率达到最大。智能运营端流程图如图5.3所示。

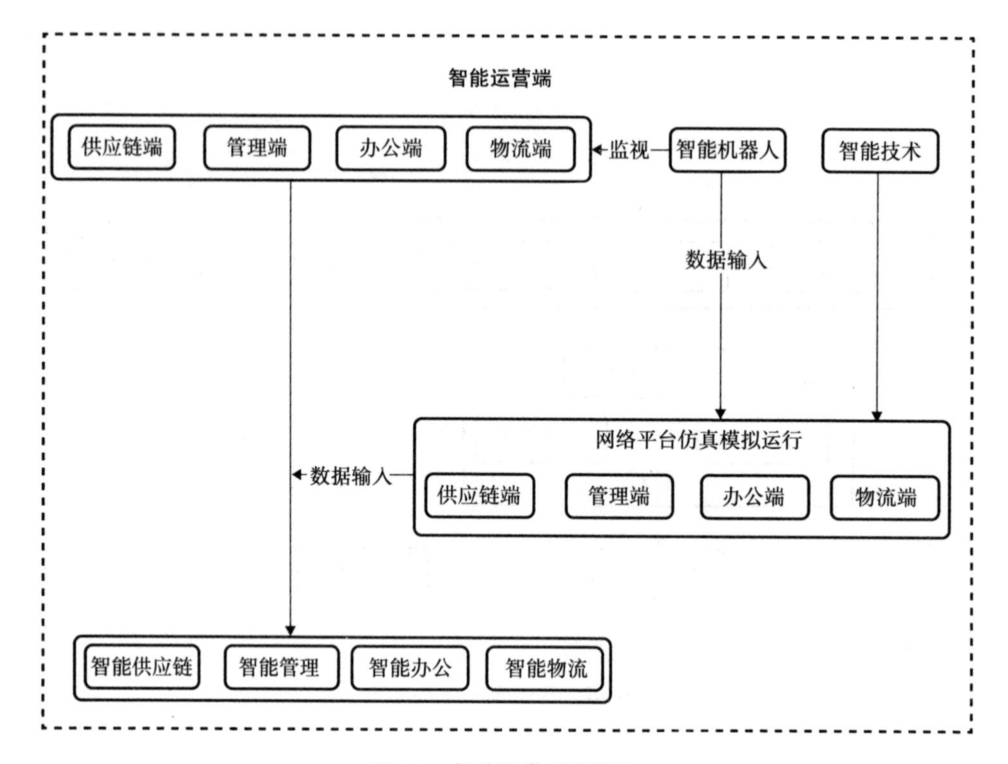

图 5.3 智能运营端流程图

5.1.4 智能生产端

在智能生产端，智能生产设备有自我决策的功能，智能生产设备将每道生产工序串接，构成智能生产线。智能机器人分布在智能生产线中，对智能生产设备和其生产的日用陶瓷产品实施实时监控。例如：在坯料制备环节，智能机器人发现实际坯体与计划产品不符合，则将信息传递到智能生产系统中，由其中远程监控中心下达指令，让其修改坯体达到合理状态，否则不能进入下一工序的生产环节。智能生产端流程图如图 5.4 所示。

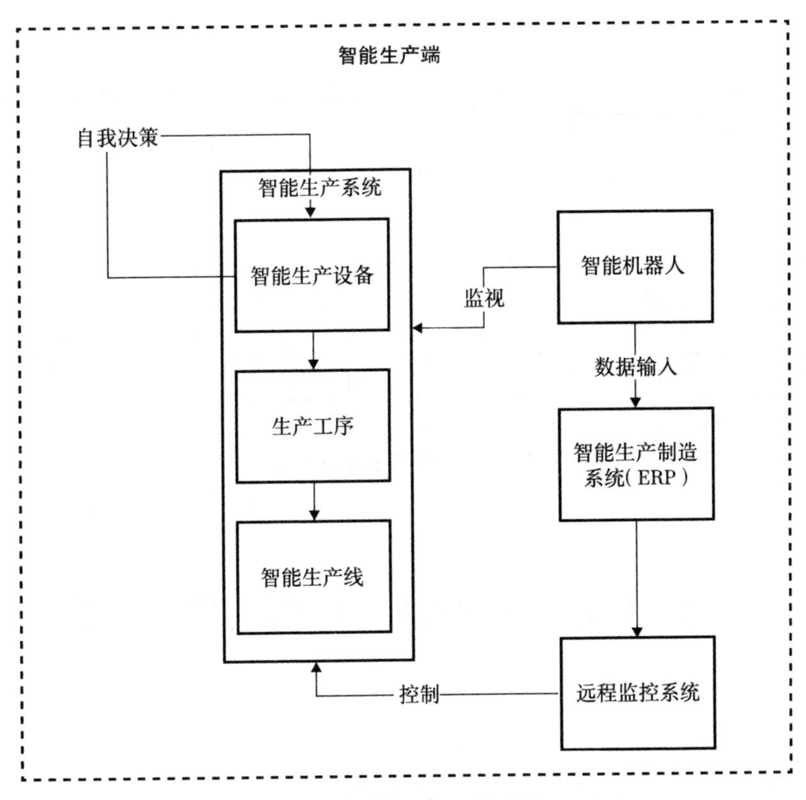

图 5.4　智能生产端流程图

5.1.5　智能服务端

智能服务端其实是日用陶瓷企业智能化的综合，日用陶瓷企业销售流程可以分为售前、售中、售后、反馈四个阶段。

售前：智能制造企业主要依据客户、供应链等提供的相关信息，进行数据分析和计算，据此来决定下一步的生产和营销计划，并且通过大数据营销模式，来准确开展营销工作。

售中：智能制造企业依靠智能生产设备和智能机器人，将生产数据反馈给智能生产制造系统，通过智能生产制造系统的监视和控制，实时对生产过程进行控制和修改，以保证高效率、高质量、低能耗。

售后：智能制造企业有售后服务系统，通过智能生产制造系统的数据输入，可以对产品售后进行专业的处理。

反馈：每个流程的工作中都会得到客户或智能技术分析的反馈，通过反馈对售前、售中、售后进行相应的调整，以达到企业智能服务的目的。

智能服务端流程图如图5.5所示。

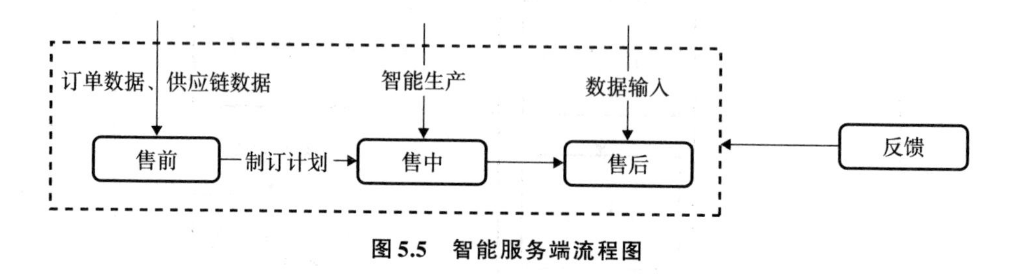

图5.5 智能服务端流程图

5.2 日用陶瓷智能工厂的搭建与运行

5.2.1 日用陶瓷智能工厂的搭建

当前日用陶瓷智能工厂搭建研究方面存在许多未解决的问题。

(1) 当前人们对日用陶瓷智能工厂的关注较少，相关体系尚未建立，有关日用陶瓷智能工厂的概念、特征、建构、管理等研究都较为缺乏。

(2) 有关无人生产的研究主要集中在建筑陶瓷等规模较大领域或日用陶瓷生产过程中的某个流程或工序，缺少从车间整体或生产全流程出发的、具有普遍适用性的智能工厂的建构方法研究。

(3) 机器人、智能机器手臂逐渐融入制造业，智能化无人生产工厂时代即将到来，但对于智能化无人生产工厂的管理方法缺乏研究。

针对上述提到的问题，可以预见：

(1) 车间智能化程度必然进一步提高，引入智能生产设备、智能机器人进行智能化升级是大势所趋。

(2) 针对普通日用陶瓷生产工厂转型智能化陶瓷生产工厂的难度不同的问

题，需要提出一种具有普遍适用性的智能化无人生产工厂的建构方法。

（3）针对智能设备和智能机器人，需要提供普适性的运营管理方法。

智能生产是智能制造的主体，而智能工厂是智能生产的主要载体，通过构建智能化生产系统、网络化分布式生产设备，实现生产过程的智能化。其一，智能工厂需要具备智能化、自主化的能力，能采集、整理、分析、计算相关生产运营信息。其二，智能工厂可以通过大量的数据进行自主学习，推理预测未来的生产运营信息。

基于传统生产车间的两大核心功能——控制、监督，通过智能技术平台和智能生产，再以智能生产控制系统为纽带，对日用陶瓷智能工厂框架进行设计。如图 5.6 所示，智能工厂包括三大核心板块，即智能生产系统、智能技术平台和智能生产控制系统。

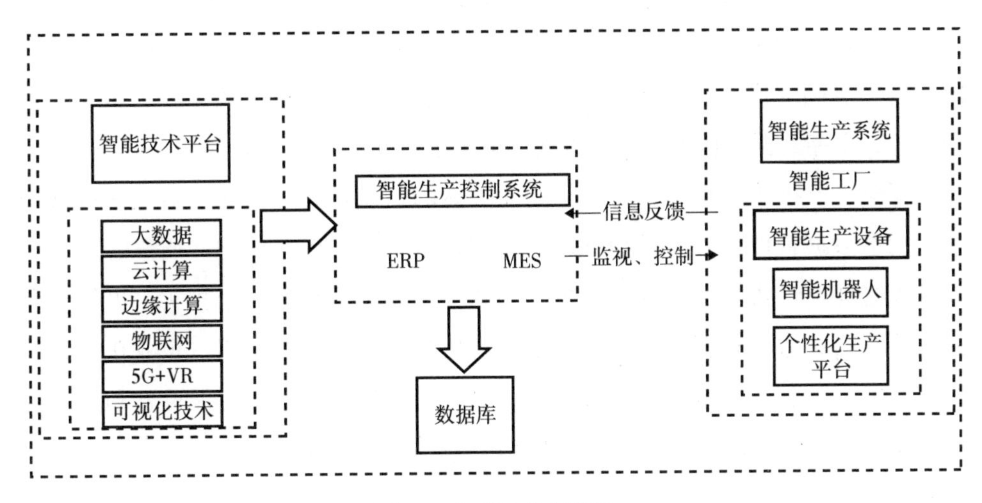

图 5.6　智能工厂框架图

智能生产系统由智能生产设备、智能机器人等组成。在日用陶瓷生产过程中，不同生产工序的智能生产设备之间不能很好地进行衔接，需要智能机器人或智能机器手臂进行协助，通过智能生产设备和智能机器人的有机结合，可以实现日用陶瓷生产车间智能化、无人化。在一般的生产流程中，智能机器人对生产的产品进行检查：产品合格，进入下一个生产工序；产品不合格，则将该产品放入废品收集处。智能机器人可以记录生产过程的有关数据，将生产数据信息反馈给智能生产控制系统，智能生产控制系统可以通过大数据技术，对企业大量的生产数据进行数据分析，从而对日用陶瓷生产过程进行优化处理，以达到生产过程的效益和效率最大化。不仅如此，智能生产设备可以提供个性化定制服务，客户可以在个性化定制平台进行个性化设计，智能生产设备可以对每个个性化定制的产品进行编号和跟踪，客户可以及时得到个性化定制产品的信息。

智能技术平台是由大数据、云计算、边缘计算、物联网、5G＋VR、可视化技术等智能技术构建而成。智能机器人得到生产作业的数据信息，再利用大数据对生产数据进行数据分析，得到合理的生产信息，智能机器人对生产活动作出适当的干预，以保证生产过程得到有效控制。智能技术平台可以通过企业的订单信息预测未来的订单信息，对未来的生产计划进行提前安排，以提高企业效率。智能设备都具有自主学习的能力，通过大量的生产实践学习，智能生产设备可以自行解决生产过程中的问题。利用VR＋5G技术，企业可以将信息更快捷、更准确地传递到智能生产制造系统，智能生产制造系统可以将企业的生产监控、库存数据等信息展示在可视化屏幕上，便于管理者监督。

智能生产控制系统其实是一个企业整体的信息化管理系统，该系统可以将企业制造数据管理、计划排程管理、生产调度管理、库存管理、质量管理、人力资源管理、设备管理与互联网技术相结合，为企业打造一个扎实、可靠、全面、可行的制造协同管理平台。通过智能生产控制系统的使用，企业在生产过程中就能及时、高质量地完成客户的订单，最大程度地发挥智能设备和智能技术的作用，并根据客户订单及生产状况作出资源调整的决策。

5.2.2 日用陶瓷智能工厂的运行

日用陶瓷智能生产工厂的运行主要依靠如下两个部分。

1）生产信息数据化

生产信息数据化就是在整个日用陶瓷智能工厂，所有的生产信息数据都要被记录，然后将这些数据信息进行分类整理，再通过智能技术进行数据分析。最终将数据整理成为数据库，通过数据库让这些智能设备和智能机器人进行自我决策、自我控制。

2）生产流程智能化

生产流程智能化就是在日用陶瓷智能工厂运行的过程中，设备与设备之间不再是孤立的个体而是串联起来的整体。通过智能设备自行检测产品合格与否，筛选出进入下一工序的产品，通过智能机器人分析整个工序流程的数据，并反馈给智能生产控制系统，进而将所有的生产流程智能化，构建出车间智能体。

日用陶瓷智能工厂有实体车间和虚拟车间。实体车间包括智能生产设备、技术人员、智能生产控制系统，智能生产设备的自我决策能达到智能生产的目的，技术人员负责对实体车间进行日常技术维护，智能机器人监视实体车间的运行，将数据反馈给虚拟车间。虚拟车间包括生产数据和智能技术，利用实体车间传来的生产数据，借助智能技术在网络平台模拟最佳运行状态，构成车间网络镜像体，并将虚拟车间的数据传输到数据库中。最后，数据库对实体车间数据进行输入，利用智能生产控制系统构成车间智能体，通过车间智能体和车间网络镜像体的对比来判断和实现日用陶瓷智能车间的最优运行状态。日用陶瓷智能车间技术路线如图 5.7 所示。

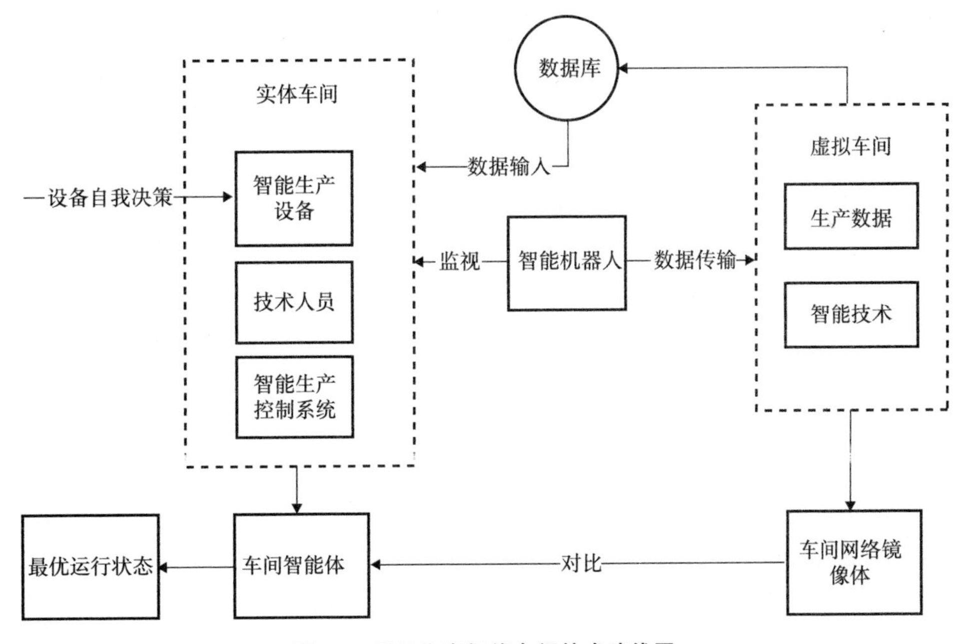

图 5.7　日用陶瓷智能车间技术路线图

第6章

智能制造背景下我国日用陶瓷企业营销创新

日用陶瓷企业智能制造体系的构建，其中重要的一环与非智能制造方式一样，就是要回归到市场、回归到销售。为此，与智能制造、智能生产匹配的智能营销成为日用陶瓷企业营销创新的方向之一。

6.1　智能制造背景下日用陶瓷企业营销现状

日用陶瓷企业发展至今，为实现产品销售最大化，都是以大多数消费者的需求为导向而开展营销工作的。这种营销方式在智能制造背景下逐渐显现出不足，为了满足消费者个性化需求，须对日用陶瓷企业在订单挖掘、订单成交及售后服务等环节进行了解和分析，发现市场新需求，进而对营销方式实现创新。

6.1.1　订单挖掘环节

1.产品设计生产以企业设计师为主，未从消费者个性化需求出发

日用陶瓷专卖店中产品是企业根据市场的需求安排生产的，市场上哪一款产品销量最好，企业设计师就设计什么，消费者也只能在企业的现有产品中选择自己比较喜欢的产品。大多数企业设计师设计的日用陶瓷产品的釉面装饰过于单调，现有的日用陶瓷产品大都为白釉装饰，这就让消费者形成了一种陶瓷釉只有白色的错误观念。而事实却是，陶瓷釉色是丰富多彩的。配套的日用陶瓷产品也存在一定的问题，虽然产品用同一种釉色比较容易呈现整体效果，但还是容易让消费者感觉单调、平淡。

日用陶瓷产品的设计是以企业设计师为主，设计师可以根据企业提供的数据了解消费者的需求，然后对产品进行设计，企业安排生产和销售。由于消费者对于需求的表述与设计师的理解是存在差异的，导致设计师设计出的产品与消费者的预期不符，销售额达不到企业的预期水平。

2.消费者需求数据收集不全面

日用陶瓷企业设计师要设计出消费者满意的产品，企业需要对消费者的需求数据进行采集。企业获取消费者需求数据的方法通常有四种。

第一种方法是从企业自身的数据库获取，这些数据包括用户行为数据及用户信息，还包括销量数据和销售线索等。

第二种方法是用户调研，可以通过在线问卷或者深度访谈等形式实现。

第三种方法是与第三方数据企业合作，让擅长数据收集的企业来运作。

第四种方法是从公开数据源中获取数据，如统计局网站。

企业通过这四种方法综合获取的数据才更加全面、准确，但是部分日用陶瓷企业并没有重视消费者数据采集工作。

日用陶瓷企业的数据收集往往是通过问卷调查及从统计局网站获取，这两种方式可以实现低成本甚至是无成本获取数据。但是这两种方式也存在问题，调查问卷获取的数据准确性不高，部分人填写问卷时过于敷衍，并未如实填写；从统计局网站中可以获取到竞争企业的销售数据，但是这些数据的时效性不强。

6.1.2 订单成交环节

1.消费者产品体验感低

在消费者眼中，日用陶瓷产品只要能满足日常生活中的正常使用即可，至于外观等其他方面，只要能够接受就行。但是现在消费者的生活水平及消费能力在逐渐提高，他们不再只注重产品的功能，对产品的质量及外观也越发重视。消费者在购买日用陶瓷产品时，不仅要考虑其在生活中的使用功能，还要考虑产品自身对环境的装饰效果。

建筑陶瓷专卖店中，各类产品都有着单独的摆放位置。有些建筑陶瓷专卖店将产品直接装饰在墙面上（图6.1），通过这种形式，消费者可以直观地了解产品的装饰效果。反观日用陶瓷专卖店，大部分日用陶瓷专卖店只是将日用陶瓷产品进行简单分类，然后摆在货架上（图6.2），产品的装饰效果并没有得到有效呈现，消费者只能想象其装饰效果。

图6.1 建筑陶瓷专卖店

图6.2 日用陶瓷专卖店

2.个性化定制服务不广泛

消费者在日用陶瓷专卖店中挑选不出自己喜欢的产品，可以主动联系企业，让企业提供产品个性化定制服务，但是，企业的服务对象有限，通常是需要大批量日用陶瓷产品的消费者或者是酒店、餐馆等。事实上企业也能为消费者提供中等批量及小批量的产品定制服务，只不过企业在产品生产过程中并不会利用自动化生产线生产，更倾向于半自动化生产加手工的模式。尤其是小批量个性化定制，相较于智能化生产，半自动化生产加手工的模式更节约成本。采用这种方式消费者需要支付更高的费用，导致消费者不一定会选择这一项服务。

3.产品推广形式与消费者购买渠道不匹配

消费者现有的产品购买渠道可以分为线下和线上。线下购买主要是指消费者到实体店购买，而线上购买则是消费者通过购物软件来实现购买需求。消费者获得了专卖店分享的新产品信息，产生了购买需求，但是需求可能得不到满足。如果是线下，消费者在收到传单后，业务员可以把消费者领到实体店中挑选产品，而线上的话，消费者在看到专卖店分享的新产品信息时，需要到购物软件中下单。消费者通过购物平台的搜索引擎搜索新产品时，会出现多个产品价格不同的店铺。一般情况下，消费者会选择排名靠前且价格相对便宜的店铺，其他店铺可能因此与消费者失之交臂。以消费者在微信朋友圈获得日用陶瓷专卖店分享新产品信息为例，通常情况下，消费者需要去淘宝、京东等购物平台中查找专卖店或者产品，然后下单才能实现购买。

6.1.3 售后服务环节

日用陶瓷企业在与消费者完成交易后，除了解决产品在发货、运输过程中出现的问题（及时更换），就没有其他服务了。在建筑陶瓷售后服务环节，消费者购买的墙砖、地砖在使用过程中发生损坏，一般情况下建筑陶瓷专卖店可以提供更换的服务。卫生陶瓷企业在售后服务环节，除了为消费者提供正常的维修服务，也会为消费者提供定点推送服务。例如，消费者原本购买的是普通马桶，之后普通马桶可实现智能升级，企业就会向消费者推送智能马桶的信息，激发消费者的购买欲望，而大多数日用陶瓷企业并没有重视售后服务环节对资源的开发与利用。

6.2 智能制造背景下的日用陶瓷产业链

实现智能制造的关键在于全面推进信息化、智能化、数字化和网络化转型。通过引入人工智能、物联网、云计算等新兴技术，实现设备自适应、工艺自适应、生产自适应等多方面的自动化、智能化升级，提高生产效率和品质稳定性，减少能源和材料的消耗，提升企业的竞争力和可持续发展能力。同时，在产品设计、营销推广等环节，可以通过大数据分析和个性化定制等手段，深入了解消费者的需求和喜好，推出更加符合市场需求和命中率更高的产品，拓展市场份额和品牌影响力。总之，日用陶瓷企业要实现智能制造，不仅需要技术创新，更需要从消费者需求出发进行战略转型，不断提高产品的智能化、个性化、品质化和服务化水平，为消费者提供更好的使用体验和更高的产品价值。

日用陶瓷企业现有的产业链模式是从传统模式向多样化、个性化定制转变，在这一过程中还存在许多待解决的难点、痛点，如生产流程的灵活性不足、供应链管理的复杂化、创新设计的投入成本高等。

6.2.1　由不匹配到新产业链的提出

现实中日用陶瓷价值链制造端与消费端不匹配层面较多，进而形成各类要素流转效率低、沉淀阻碍问题多的局面，影响整个产业链的流通循环（图6.3）。以下不匹配问题，可以从智能制造方面进行部分改善，但更多的可能需要进行协同营销创新。

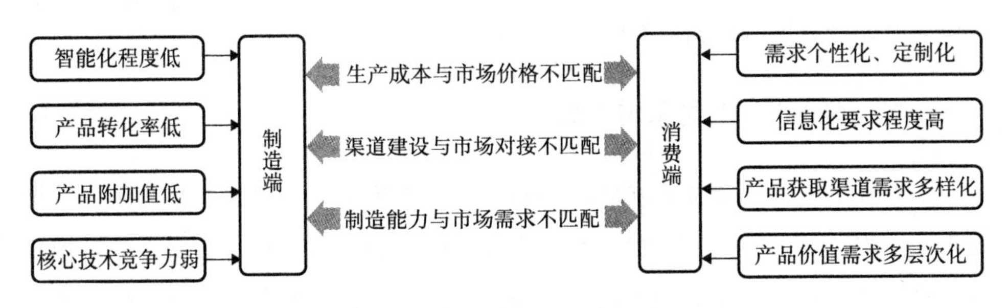

图6.3　日用陶瓷产业链关系示意图

1.生产成本与市场价格不匹配

一方面，随着居民生活水平的不断提高，人们对于日用陶瓷产品的需求日益多样化，对日用陶瓷产品的价格也越发“包容”。但这种“包容”是建立在日用陶瓷产品能够满足消费者个性化、定制化需求基础上的。但是，许多日用陶瓷企业在生产原料的精选和生产工艺的改进方面过于忽视，使自身所生产的日用陶瓷产品无法满足消费者日益增长的需求。

另一方面，国家和社会对日用陶瓷生产材料和工序的绿色环保的要求和管控也日趋严格，同时日用陶瓷产品生产原料成本呈逐年上涨的趋势。这些原因都导致日用陶瓷企业在原料和燃料的绿色化、生产过程中的环保化等方面的设备投入、工艺改良等的成本与以往的成本投入相比是逐年递增的，产品价格也因此逐年上涨，进而形成日用陶瓷企业生产的产品在无法满足消费者需求的情况下，价格又高于消费者的心理预期的局面，严重影响日用陶瓷企业的生产和消费者的购买积极性。

2.渠道建设与市场对接不匹配

相对于其他陶瓷企业，日用陶瓷企业的信息化、机械化和自动化的发展进程相对比较落后，生产制造的智能化发展还停留在较初级的层次。同时，与之相匹配的渠道建设还不完善，甚至停留在传统渠道的使用上，对消费端的产品受众感受、市场信息变化等要素的反馈呈现不及时、不准确的特点。获得的不准确信息还会对制造端产品升级换代形成错误的引导，形成不良循环，对于日用陶瓷产业的发展造成恶劣的影响。

3.制造能力与市场需求不匹配

随着经济社会的渐变式发展，“90后”和“00后”开始成为日用陶瓷市场的主流消费人群。这些在新经济环境下成长的主流消费人群，不像上一辈消费者一样只注重产品质量，他们对日用陶瓷产品的环保性和健康性有了更高的要求，同时还要求日用陶瓷产品能够满足他们在产品外观时代潮流性上的需求和在使用过程中趣味性的需求。由于传统日用陶瓷企业生产观念的相对落后，使其无法满足消费者日益变化的需求，于是消费者越来越偏向选择国外一些知名日用陶瓷品牌，能在市场竞争中脱颖而出的国内日用陶瓷企业寥寥无几。究其原因，许多国内日用陶瓷企业还停留在传统观念上，在制造方向的调整方面和营销服务的改进方面无法紧跟当下市场消费者的需求，同时企业自身智能制造核心技术的研发还需要重视和加大投入，以满足今后消费者对于产品的多样化需求。

6.2.2 新产业链的形成

以上不匹配项的存在企业都希望通过新产业链关系来解决，而新产业链的形成需要依托大数据云平台的构建和发展。在大数据云平台的基础上，制造端、消费端、物流端和营销端四个环节为各类要素的流转提供桥梁，集聚供应、需求、物流和服务四个板块，使其构成循环大整体。每个环节也可以根据需求进行主辅位切换，具有较高的灵活性和较强的应变性。

将大数据云平台结合标准统一、数据共享制度，使得各个环节运行不局限于某个限定的日用陶瓷企业，实现“小单”单企业化生产、“大单”多企业合作化生产。在制造端，打通各个环节的流转障碍，解决之前产业链存在产业之间关联度低、各类要素流转不畅等问题；在消费端，推动C2B进程的进一步完成。用蛛网型关系取代原有产业链的关系，提高其沟通的便利性与紧密性，减少之前产业链存在的产品受众反馈不及时、市场信息掌握不明确等问题，最终实现日用陶瓷产业智能制造发展目标。

新型日用陶瓷产业关系示意图如图6.4所示。

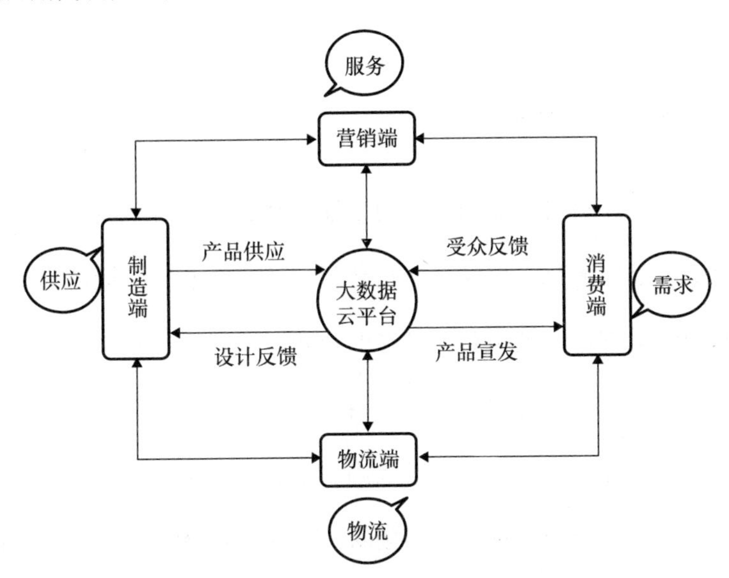

图6.4　新型日用陶瓷产业关系示意图

无论是顺应新的市场环境要求还是克服传统产业不足，建立健全日用陶瓷产业链都是必要的，这是日用陶瓷产业在智能制造背景下实现又好又快发展的必要条件。

6.3 智能制造背景下日用陶瓷企业进行营销创新的必要性

6.3.1 智能制造背景下日用陶瓷企业智能制造与营销创新的关系

日用陶瓷企业智能制造的不断发展同时也意味着智能化营销创新在客观条件上已经拥有了成长的土壤，而进行营销创新将在一定程度上加快智能制造发展的步伐。

1.智能制造包含营销创新

日用陶瓷企业在自身智能制造能力发展的基础上结合现有成功营销模式的优势，以解决产品同质化、终端竞争白热化、销售微利化等问题为导向，进行与之相匹配的营销创新。基于智能制造的视角，为实现日用陶瓷企业的产品研发设计（含云平台等）、产品生产（含原料加工等）、企业管理（含各项管理指令等）、营销服务（含物流配送等）全流程的智能化，对消费者需求进行深入剖析，结合当前市场环境形势进行营销创新。从新产业链出发，智能制造最终要实现，还是需要依靠上述四个主要环节，即制造端、消费端、物流端和营销端的智能化的实现，形成互联互助关系，而之前仅仅是制造端初步实现智能化，因此其他三个终端实现智能化更为迫切。所以营销智能化创新势在必行。

日用陶瓷行业智能制造与营销创新关系如图6.5所示。

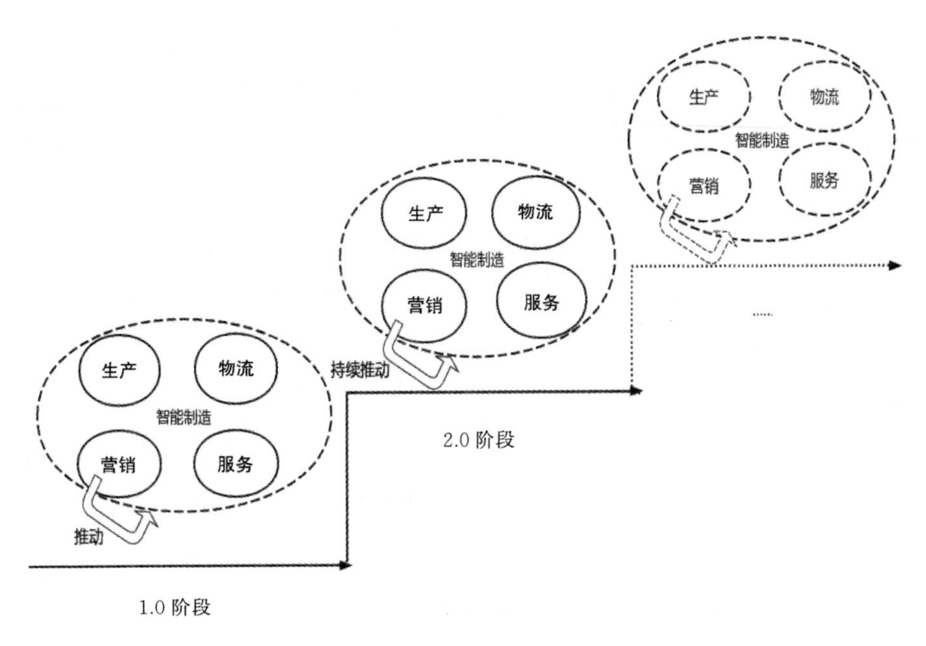

图6.5　日用陶瓷行业智能制造与营销创新关系图

2.营销创新的实现,促进了智能制造的完成

之所以呈现这种反向促进关系，是因为智能制造和营销创新可以相互促进。在营销创新过程中，智能制造技术的应用可以为创新提供更多的可能性和支持，而营销创新的成功又可以为智能制造的发展提供更多的市场需求和机遇。因此，智能制造和营销创新两者同步发展是非常重要的，对于日用陶瓷企业的发展和竞争力的提升具有至关重要的作用。

6.3.2　智能制造对日用陶瓷企业营销创新提出的发展要求

日用陶瓷企业在智能制造背景下制造能力智能化发展取得了一定成果，同时根据实际情况，也对企业自身营销创新做出了具体要求。

1.基于智能制造售前环节的发展要求

日用陶瓷企业目前在引进国外先进生产设备、吸收先进生产技术和改良生产工序上开始了一定的尝试，并取得了一定的成绩。但这仅仅解决了生产制造环节的问题，以代理商和批发商综合控制为主要形式的传统营销模式，营销局限性明显，严重影响生产商进行产品创新的针对性和实用性。与消费者在信息上面的沟通不足也将导致日用陶瓷企业在产品的更迭升级上缺乏正确方向的引导，进一步导致企业产品无法适应消费者需求，被市场所淘汰。同时，库存压力、渠道单一、营销瓶颈、产能过剩等问题都迫使日用陶瓷企业采取相应的营销创新手段去解决。

1）消费者参与产品设计

为了满足消费者对日用陶瓷产品个性化、多元化的需求，日用陶瓷企业应该为消费者提供平台，让消费者自主设计日用陶瓷产品。只有消费者参与到产品的设计中，企业生产的产品才能够更受消费者的欢迎。这种方式可以使消费者与企业的生产环节的智能制造对接更加容易，消费者设计自己喜欢的产品，提交方案，企业为消费者安排生产任务。将消费者设计环节与智能制造对接也能够减少日用陶瓷企业仓库堆积，毕竟消费者设计的产品是即时设计、即时生产、即时发货的。

2）实时获取消费者需求数据,为生产端提供数据支撑

日用陶瓷企业实现了生产环节的智能制造，对消费者需求的数据要求就更加严格。只有消费者提供的信息精准、实时，企业才能更加全面地分析消费者的需求数据，也才能够对消费者进行合理的分类。系统、全面地分析数据能够为生产环节的智能制造安排合理有效的生产任务，实现日用陶瓷产品的精准营销。

为此，在生产制造方面，借助智能化生产方式，无论是生产规模上“多而小”或“少而杂”的生产需求，还是个性化、定制化的生产需求都能够满足。而如何实现生产端与消费端的“零距离”对接，及时反馈产品信息，提高产品流转效率，则需要通过营销创新来解决。因此，在日用陶瓷产业生产制造智能化进程的影响下，日用陶瓷企业在智能制造的背景下进行营销创新是企业生存和发展的必然选择。

2.基于智能制造售中环节的发展要求

如今，日用陶瓷产品的基本需求被满足之后，消费者对于日用陶瓷产品在营销过程中的价值展现有了更具体的要求。日用陶瓷产品需要在保障其质量的情况下进行符合当下艺术潮流的外观上的创新，即日用陶瓷产品兼具品质和美观的同时，还需要顺应消费者需求，使其拥有蕴含时代元素的独特价值。因此，日用陶瓷企业要深入发掘消费者的需求，满足消费者的需求，进而提高消费者对产品的黏性。同时“人人都是设计师、人人都是销售者”的消费市场日渐形成，加快了日用陶瓷企业营销创新的步伐。

1）线上营销渠道与消费者购买渠道对接

日用陶瓷企业应将线上营销渠道与消费者购买渠道连接起来，方便消费者直接购买钟爱的日用陶瓷产品。通过这种方式，日用陶瓷企业可以避免消费者进错店铺而错失消费者资源的问题；消费者可以了解各种日用陶瓷产品信息，从中挑选自己喜欢的，在线下单。

2）支持消费者远程了解产品实时生产情况

消费者在购买日用陶瓷产品后，日用陶瓷企业应该支持消费者远程实时了解产品的生产进程。大多数消费者不可能去企业的生产车间现场，企业提供这种服务能满足消费者了解产品实时生产情况的需求，解除了消费者对于产品材质、环保问题的担心，消费者可以安心下单。消费者了解产品实时生产情况，也可以为收取产品、确认产品腾出时间。

3）物流对接生产,加快物流运输

日用陶瓷企业应该将生产环节与物流运输环节对接，加快物流运输的进程。日用陶瓷企业的生产环节已经实现了智能制造，产品的生产可以快速进行。在日用陶瓷产品的生产完成的同时，物流企业可以第一时间获取消息，直接接收产品。采用这种方式可以有效地节省人工操作的时间，加快物流企业对于日用陶瓷产品的信息的录入和派送的进程。消费者可以更早了解快递的派送时间以及产品所处的实时位置，及时验收产品。

为此，日用陶瓷企业更需要依靠新产品、新思路、新渠道、新营销模式，在智能制造的背景下进行营销创新来解决远程销售、设计、个性化定制等环节流转不畅的问题，各环节联系紧密性的提升有助于解决产品同质化、设计“不着地”等问题，同时也能提供新的营销服务和建设新的营销渠道以拓展市场，进而实现对智能制造的有力支撑。

3.基于智能制造售后环节的发展要求

随着社会经济的不断发展，居民生活水平不断提高，人们对于日用陶瓷产品的需求也日益多样化、精细化。尤其对产品售后服务的要求也随之变化，相对于之前日用陶瓷产品售后服务的“粗放式管理”，消费者则对其作出了具体要求，如解决不良品处理、使用方法不明确、产品意外破损等问题，进一步了解产品保养知识，对已购买的系列产品进行对应的创新设计，以符合消费者现有的需求。

1）为消费者提供订单跟踪服务,实现订单再挖掘

日用陶瓷企业实现了生产端的智能制造，可以为消费者的售后服务提供技术支持。消费者在购买日用陶瓷产品后，企业应该对消费者的订单进行跟踪服务，引导消费者再次消费。采用这种方式可以有效地拓展售后服务的内容，为企业的发展再创造收入，推动日用陶瓷企业的智能化进程。

2）重视用户产品使用反馈

企业应该重视消费者对于产品的使用体验。通过对消费者反馈意见的收集与分析，日用陶瓷企业可以了解设备生产的实际情况，及时调整设备的运行参数，为企业下一阶段的生产提供数据参考。

为此，消费者售后服务需求的升级也必然存在传统营销模式无法满足的现象，如何将消费者的刚性需求及时反馈到制造端，并做出与之相对应的产品设计，以及如何在售后服务过程中满足消费者的软性需求，让消费者得到精神与物质双重层面上的满足，这都驱使着日用陶瓷企业进行营销创新以适应新的消费者售后服务需求。

6.4　智能制造背景下日用陶瓷企业的营销创新策略

日用陶瓷企业为了更好地推进智能制造的进程，营销环节也应该实现智能化管理。营销环节可以分为订单挖掘环节、订单成交环节及售后服务环节，将这三个环节与生产环节智能化对接，可以有效地实现营销环节的创新，推进企业智能化高质量发展。

6.4.1　订单挖掘环节的营销创新

生产制造的智能化发展为日用陶瓷企业进行营销创新提供基础条件，而在如何发现和吸引更多新的消费者、刺激消费者对日用陶瓷产品有更多需求的问题上，日用陶瓷企业也一直在孜孜不倦地寻求答案。在智能制造的背景下，在对消费者需求以“互联网+”视角进行全方位分析和解读的基础上，可以尝试结合日用陶瓷企业现实需求，采用B2C、B2B等营销模式，利用大数据的大量、高速、多样等特点重点开发具备日用陶瓷企业自身特点的营销平台，将日用陶瓷产品在企业创建的大数据云平台上进行宣传和销售，扩大日用陶瓷产品营销对新老市场的覆盖范围，让更多的消费者能了解日用陶瓷产品在智能制造条件下的创新发展，从而激发他们的消费欲望。如景德镇红叶陶瓷股份有限公司在设立线上官方商城向消费者不定时推送新产品信息，在向消费者提供了解日用陶瓷产品资讯渠道的同时，在京东、淘宝等众多平台上设置了专门的日用陶瓷品牌专卖店，还和其他视频号合作进行产品信息推送。通过不同的渠道向消费者输出企业产品信息，有针对性地为消费者提供相应的服务，这一系列举措明显提高了受众对日用陶瓷产品的吸引力，营销效果也得到了显著的提升。又如唐山链中陶于2020年上线的“链中陶”是一家专门为日用陶瓷企业、酒店、礼品陶瓷企业提供原料、设计、经销、招商、品牌宣传等一站式解决方案的线上综合服务平台，能有效解决市场信息不对称、企客无法对接、生产制造缺乏正确引导等日用陶瓷企业瓶颈问题。

因此，日用陶瓷企业需要构建一个属于自己的实用且功能性完备的互联网平台，能够将企业信息拓展到手机端App，让企业与消费者“面对面”，让更多的消费者接收到产品信息，认识到在智能制造条件下的创新性发展，从而刺激消费者产生消费需求，在提高产品与信息流转率的同时让企业与消费者共同获益。

具体可以在以下几个方面进行创新。

（1）日用陶瓷企业可以在构建的大数据云平台中设置“营销服务”模块，通过手机App为所有消费者提供产品选择、消费者线下体验、产品多渠道购买和售后服务等。除线上平台都具有的基本功能，日用陶瓷企业还可以让消费者在手机App上利用现有功能实现对日用陶瓷产品色彩、材质、尺寸、风格等的DIY设计，从而满足消费者“自我设计”的需求。

（2）日用陶瓷企业建立内部数据库，数据库包括消费者的需求数据、日用陶瓷产品的设计数据、消费者信息的储存数据及消费者的消费数据等。内部数据库可以为企业的设计环节、生产环节等提供数据。以个性化产品设计软件为例，消费者在个性化产品设计软件中参考的设计理念就是从企业内部数据库中获取的。而且数据库都在时刻更新，只要消费者使用个性化产品设计软件设计产品，软件会自动保存消费者的设计数据并导入到数据库中。该数据会自动与数据库中的已有数据比对：若相似度极高，系统自动删除数据；相似度不高，系统自动保存数据。企业设计师可以参考数据库中的设计数据，为企业设计更畅销的日用陶瓷产品，设计数据也会实时导入数据库中。

（3）日用陶瓷企业为消费者提供个性化产品设计软件，消费者通过使用个性化产品设计软件完成产品设计。在设计的过程中，消费者可以对产品的器形、装饰等随意搭配。在没有思绪继续完成产品设计时，消费者可以在线实时咨询企业设计师，设计师在一旁协助消费者设计产品，个性化产品设计软件中也有企业设计师设计的产品及其他消费者设计的优秀产品，消费者可以参考他们的设计，激发自己的创作灵感。如果消费者确实没有动力继续设计产品，可以让企业设计师接手产品设计任务，自己在一旁提出要求，由企业设计师进行设计，直至设计出自己满意的产品。

出于对消费者个性化需求的满足，日用陶瓷企业应将日用陶瓷对消费者生活环境的装饰作用考虑进去。个性化产品设计软件具有智能成像功能，将消费者设计完成的产品进行投影，投影大小可以通过设备调节。消费者可以将产品投影置于任何位置，以了解产品的装饰效果。消费者也可以对场景进行切换，了解产品在其他场景中的显示效果。

对于个性化产品设计软件的使用企业也应有明确的规定，首先，该软件支持手机端及电脑端使用。消费者享有一次免费体验产品个性化设计的机会。消费者在使用完这次机会仍然想进行产品个性化设计，若之后下单与企业达成交易，企业可对消费者这次设计不收费，如果消费者并没有购买产品，企业可以对消费者这次设计体验进行合理收费。

（4）日用陶瓷企业还可以通过在云平台举办线上日用陶瓷创意设计比赛的方式吸引陶瓷爱好者参与，可采取将公众投票数计入排名的方式提高公众的参与度。在比赛名次评选过程中坚持公正、公开、公平的原则，接受公众和选手的监督，采纳他们好的建议，从而提高平台活动知名度，扩大影响力。此项活动可以线上、线下同时举办，主要以线上为主，大赛举办可以分为如下四个环节。

①企业组织筹划比赛。

组织相关人员对比赛内容进行商讨，研究比赛的流程及奖励措施等情况，确保比赛能够有条不紊地开展。

②发布公告。

比赛内容确定后，企业可以在官网或者短视频平台发布比赛公告，广邀对比赛感兴趣的人参赛。公告内容包括对作品的要求、对参赛选手的要求及奖励措施。

③海选。

在参赛选手提供作品后，企业可以将参赛作品放在官网、短视频平台上进行展示，让广大群众参与评选，综合考量群众的投票及设计师的评价，最终确定比赛排名。

④结果公示。

参赛选手可以在官网了解参赛结果，企业将所有的参赛数据同时公示出来，如有疑问，参赛选手可以联系相关工作人员。比赛结束后，企业可以将参赛选手的设计理念导入企业内部数据库，为企业设计师及使用个性化产品设计软件的消费者提供数据参考。

（5）在企业设计师设计日用陶瓷产品时，企业可以邀请消费者共同设计产品。企业设计师在设计产品的过程中，可能并不能发现自己的问题，而消费者作为第三者及产品的使用者，可以直观感受，这些感受对企业设计师有一定的参考价值。

消费者参与设计的方式有两种。

① 企业设计师在使用个性化产品设计软件设计日用陶瓷产品的过程中，消费者可实时了解产品的设计情况；消费者根据自己对产品的需求，提出自己的建议，企业设计师根据提出的意见对产品进行调整。

② 企业设计师在设计出产品后，将设计完成的模型在软件中展示，消费者可以360°全方位了解产品情况，对企业设计师的作品提出自己的意见，企业设计师可以参考这些意见，对产品进行适度调整。

（6）日用陶瓷企业在云平台开辟一个板块，为消费者、陶瓷爱好者和企业设计师提供近距离交流的空间。由管理者在该板块发布当下比较热议的日用陶瓷类及相关类别的话题供大家讨论，激发板块用户活跃度，同时管理者做好板块秩序维护，为用户提供一个文明、和谐的交流空间，达到巩固原有消费者关系、开发潜在消费者的目的。一方面，针对消费者的个性化需求，日用陶瓷企业可以进行对应的深入挖掘，进而为企业带来可持续的订单；另一方面，消费者喜欢的日用陶瓷产品的原料、尺寸、风格，以及产品使用感受等相关数据可以纳入日用陶瓷企业所创建的线上平台，这些数据能够为日用陶瓷企业日后进行生产试点提供有效支撑（图6.6）。

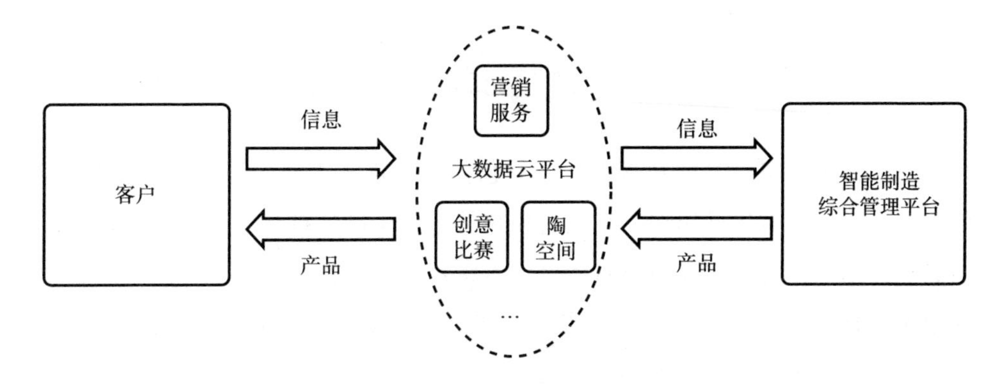

图6.6　订单挖掘环节的营销创新示意图

（7）对日用陶瓷产品有购买倾向的消费者，在购买前会通过浏览器或者短视频软件搜索产品信息及产品的售后情况。日用陶瓷企业可以与这些运营企业合作，消费者检索日用陶瓷产品时，软件优先推送自身企业的产品。

在大数据快速发展的时代，消费者线上购买产品的记录都会被大数据录入，消费者购买过的日用陶瓷产品的信息也不例外。因此，消费者在打开购物软件时，购物软件自动向消费者推送企业产品；消费者在使用短视频软件时，该软件也自动向消费者推送与企业产品相关的视频。

（8）现阶段，短视频软件备受广大群众欢迎，成为他们休闲的主要方式，日用陶瓷企业可以有效利用这一方面的资源。企业可将畅销的日用陶瓷产品及产品成型的部分制作过程做成短视频，再加入一些智能生产设备的使用，突出短视频内容的高科技性。然后企业在各大短视频软件中分享，达到推广产品以引起消费者共鸣的目的。

消费者也可以实时线上购买日用陶瓷产品，企业可在短视频的下方设置一个链接，链接的另一端可以分为两个模块。第一个模块是企业的成品展示，即企业当前在销售的日用陶瓷产品，第二模块是个性化产品设计。

消费者在刷短视频时看到企业分享的产品视频，不感兴趣的可以直接划走，感兴趣的可以通过视频下方的链接购买。消费者可以通过两种方式选择产品：在现有的企业产品中选择；如果消费者在现有的企业产品中未发现自己满意的产品，那么消费者可以个性化地设计自己喜欢的产品。

6.4.2 订单成交环节的营销创新

由于日用陶瓷产品的特殊性，其材质的安全性和工艺的稳定性一直备受人们关注。虽然大多数日用陶瓷企业所使用的陶瓷生产材料合格，生产工艺完善，但仍有许多小作坊式厂商为节省生产成本采用劣质陶瓷原料和不规范生产工艺，导致不合格的日用陶瓷产品流入市场，在一定程度上影响了日用陶瓷的品牌形象。2022年国家市场监督管理总局公布的抽查结果显示，两成以上日用陶瓷砖不合格，抽检结果中不合格产品主要来自小型企业。而且，由于当下仍然存在各地、各级代理商，同款日用陶瓷产品在价格上仍有较大差异，甚至一些不良厂商利用部分消费者对于日用陶瓷产品知识的匮乏，制造劣质日用陶瓷产品并在市场上销售，破坏了日用陶瓷市场的正常秩序。

为此，我们可以采用以下营销创新方式。

(1) 日用陶瓷企业在大数据云平台开设的板块发布陶瓷产品相关信息，让消费者能够了解更多关于日用陶瓷的产品知识，提高其对正规产品的辨识度，同时将消费者、经销商和设计都纳入线上交流与购买平台。日用陶瓷企业可以在这个平台向消费者提供销售记录中销量最多的产品、周边消费者偏向的产品类别、设计师创建的概念设计作品、过往销售记录中销售量最多的产品等相关信息，建立更多的购买信息来源，提升消费者的消费信心。

(2) 在实践中，日用陶瓷企业可以通过引入在线服务咨询平台、社交平台等多种渠道，消费者可以通过留言、评论的方式与以往的消费者交流，查看其他用户的室内使用照片，还可以观看过往销售案例，在系统中输入家庭装修风格，将获得的设计策划方案与平台过往相似装修风格的案例进行对比，最终做出满足自身需求的选择。

(3) 将平台工作人员与消费者交流的信息，或是消费者在消费行为中展现的需求偏向选择信息，抑或是消费者到线下实体店体验的过程中关注的产品重点信息，都纳入平台数据库，使得日用陶瓷智能工厂能够在数据库的支撑下对产品的再设计与再生产进行指导，同时将产品的设计方案快速交付到消费者手中，以减少消费者在购买过程中的时间消耗。

（4）日用陶瓷购买环节的营销创新并非简单地构建一个线上交流、成交的平台，而要借助实体店来提供优质的体验和服务，实现线上线下销售和服务的相互协作，为消费者提供更加满意和个性化的购买体验，进而使得消费者在实体店完成成交环节。

（5）关注人工智能的最前沿成果，将高级人工智能用于客服工作。营销可以分为售前、售中、售后三个环节，应用高级的人工智能可以加快销售的进程。售前，消费者在提出问题时，客服机器人自动、快速、精准地识别消费者的文字、语音及图片，然后给出答复。售中，客服机器人自动核实消费者提供的地址是否可以发货，如果不可以，向消费者如实告知，并诚恳道歉；如果可以发货，按消费者指定的地址发货；在消费者支付货款后，客服机器人立即向企业生产端反馈消息，企业自动为消费者生产产品，并通知指定的物流企业接收产品、安排发货。售后，客服机器人在消费者验收产品之后，定期向消费者了解产品的使用情况。

订单成交环节的营销创新示意图如图6.7所示。

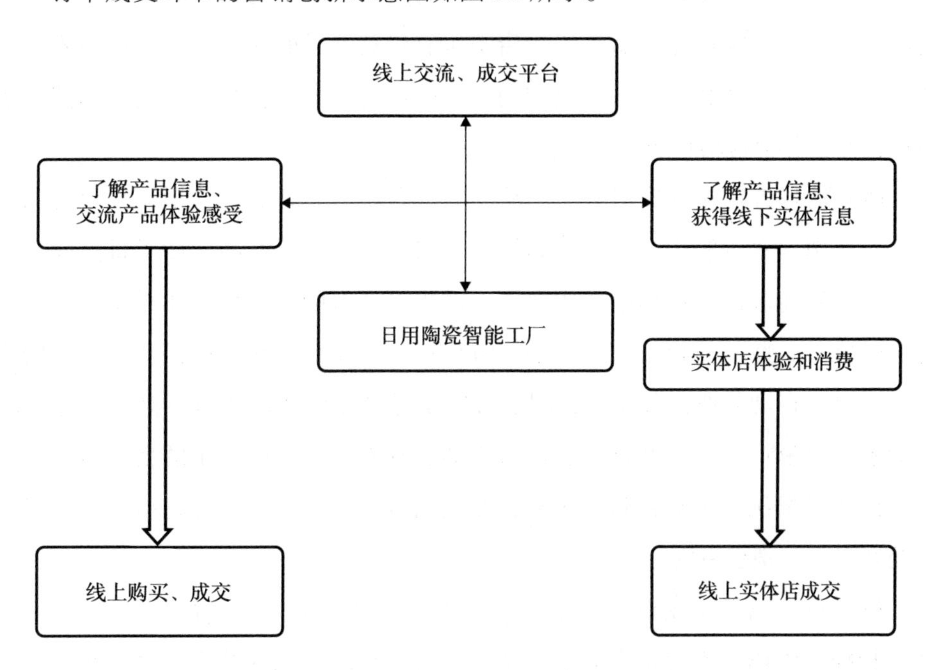

图6.7　订单成交环节的营销创新示意图

（6）在线下实体店中，日用陶瓷企业可以提供无人销售体验。通过监控设备，企业对线下店铺进行实时监控，实现店铺的正常运营。在无人销售体验店中摆放市场畅销的产品，并且突出日用陶瓷产品的装饰效果。消费者进入店铺中，可以随意参观产品，也能对产品进行一定的试用。如果消费者对产品的体验感好，有购买产品的想法，可以直接在柜台付款。柜台有自动扫描设备，消费者只需将产品的二维码对准扫描设备，显示设备会直接显示产品的价格，消费者只要根据流程支付就行。

若是消费者没有在店中找到自己喜欢的产品，可以在体验店提供的个性化产品设计软件中进行个性化产品设计。设计完成后，提交设计方案并支付订单，店铺所在的销售终端向企业的生产端反馈生产数据，企业自动生产产品，消费者只需等待产品派送即可。

体验店也会及时补充产品，避免消费者想要购买的产品无货的情况。消费者在支付产品订单之后，企业运营端会得到体验店中数据的反馈，体验店在运营端的数据会实时更新。当体验店中的现有产品少于一定数量时，系统会主动提醒管理人员安排补充产品。体验店中也有销售人员的联系方式，消费者有不清楚的，可以主动联系销售人员询问。体验店的大门具备检测作用，消费者进出店铺时设备会自动扫描。

（7）消费者在支付日用陶瓷产品的订单费用后，企业的营销端会自动向生产环节反馈消费者的生产信息，为消费者自动生产所需产品。由于日用陶瓷企业在推进智能制造的过程中，实现了产品生产环节的可视化，即对生产环节进行实时监控，监控视频系统会自动实时保存。系统可以在生产消费者订购的产品的同时，自动截取部分生产过程的视频发送给消费者，视频中也会有智能AI为消费者讲解产品的生产过程。消费者通过观看视频，既能了解自己所购产品的生产实时情况，也能看到日用陶瓷企业高效的产品生产过程，给消费者以直观的感受，让消费者安心。

（8）日用陶瓷企业在产品生产过程中，产品底部会打上企业专属二维码，通过扫描二维码，不管是企业还是个人都可以获取产品的基本信息。企业扫描二维码可以获取产品的生产工艺，将生产工艺应用到生产中，可以快速实现产品的再制造。消费者扫描二维码可以获取产品的质量信息，根据二维码提供的信息，消费者可以确认产品的质量情况。

二维码有着一定的特殊性。首先，新的消费者扫描二维码都需要身份验证。其次，只有产品的生产企业才能通过二维码获取产品的生产工艺，其他企业要获取产品的生产工艺需经过企业的授权认证。最后，除产品生产企业以及相关人员以外的任何企业、任何人扫描二维码只能获取产品的质量信息。

(9) 日用陶瓷企业内部建立物流控制系统，与企业的智能生产系统进行联动。消费者通过个性化产品设计软件设计出日用陶瓷产品后，企业的生产端会自动获取产品的生产信息，实施产品的生产任务。在产品智能生产的同时，生产系统会向物流企业反馈产品的预计生产完成的时间。物流企业可以将产品的信息先录入，然后及时从日用陶瓷企业接收产品，安排发货。

物流控制系统对于企业的现有成品的管理也是有效果的，物流企业会有日用陶瓷企业现有产品的库存数据，消费者在支付订单后，企业的物流控制系统直接向物流企业反馈消费者的产品需求信息，物流企业直接安排产品信息的录入及产品的配送。

(10) 对经销商的行为进行监督，企业可以建立一个网络平台，与企业合作的经销商、分销商需要在平台上录入自身店铺的信息。在这个平台上，经销商须将本企业产品的价格、规格等基本信息注明。为了保证信息的真实性，公司相关管理人员应定期核查经销商提供的信息与实体店是否一致。同时，消费者也可以通过该平台进行产品信息的查询。如若经销商提供的信息不属实，消费者可以通过该平台对该经销商进行举报，企业会派专门人员处理，以保证消费者的合法权益和公司的利益。消费者也可以通过该平台与其他消费者交流，了解产品的真实信息以及他们的使用体验，从而坚定下单的决心。

人的监控是一方面，数据监控也能实现对实体店的监督。实体店的销售数据与企业的财务数据应相匹配，实体店每销售一件日用陶瓷产品，企业的财务数据会得到实时更新，企业管理人员可以通过数据的反馈实时了解产品的销售情况。这样，企业可以实现线上、线下对于实体店的双重管控，在维护消费者权益的同时也能保护企业的利益。

6.4.3 售后服务环节的营销创新

由于日用陶瓷产品的使用周期相对较长，许多消费者复购的可能性较小。无论哪个企业，售后服务一直是市场营销不容忽视的一部分。首先，完善的售后服务可以更好地满足消费者购买的期望值，形成良好的市场品牌记忆，促进下一轮的消费行为，为日用陶瓷企业带来良好的经济效益及社会效益；其次，容易让满意的消费者进行信息传播，形成扩散效应，带动产品的再销售；最后，可以让企业准确、及时地获取市场变化信息、产品销售信息和产品受众反馈信息，帮助企业优化下一个周期的生产和销售流程。

随着日用陶瓷产业智能制造的不断发展，大部分日用陶瓷企业在提供售后服务的能力上有基本保障。日用陶瓷企业可以在大数据云平台中设置一个售后服务平台，满足消费者对于产品售后服务的需求。可以以用户专门平台、官方网站、小程序、微信公众号、视频号等为承接，为消费者提供多渠道售后服务。除去客户服务、客户反馈、投诉管理等基本功能，这个平台还能够在客户使用过程中收集客户所有的购买信息，如消费偏好、消费频率等，同时所储存的数据能够用于日用瓷企业售后服务工作的开展。

具体可以在以下几个方面进行创新。

(1) 可以为消费者提供原有产品的单件低成本定制、老产品的原样定制以及新品的推送等服务。这些服务的提供可以有效提高消费者对日用陶瓷企业产品的使用满意度和再消费的意愿。

日用陶瓷企业在生产环节实现了智能制造，对于产品的生产工艺有着充足的数据，可以满足消费者对于成套产品中单件的需求，消费者只需要向企业提供完好的产品样件即可。如果消费者提供的是企业生产的产品，销售人员只需要扫描产品底部的二维码就可以获取产品的生产工艺信息，扫描设备获取的产品生产工艺信息会自动反馈到生产环节。在消费者确认并支付订单后，企业生产环节自动进行产品生产。如果消费者提供的是其他企业的产品，企业设计师可以根据消费者提供的产品重新设计，为消费者设计出同款的产品，然后投入生产。

企业也可以为消费者提供组团购买成套产品的服务。相比于企业为消费者单独生产一件产品，组团购买产品时消费者支付的费用更低。企业组织团购服务的形式与“拼多多”类似，消费者向企业提出拼单要求，企业系统会直接为消费者组建购买团队，之后安排产品生产。设计师会根据消费者提供的现有的产品的外观，对产品进行一定的调整，让消费者获得的产品更具整体性。

（2）日用陶瓷产品作为消费者的生活必需品是没有使用年限的，除非消费者在清洗或者使用过程中无意损坏，日用陶瓷产品可以一直被消费者使用。日用陶瓷企业要让消费者自发形成一种观念，日用陶瓷产品和食物一样具备保质期。事实也是如此，有些人在日用陶瓷产品出现裂缝、掉色、脱瓷等情况仍然坚持使用，这可能会对身体产生一定的危害。以日用陶瓷产品出现裂缝为例，裂缝中容易滋生细菌，正所谓病从口入，人们在用餐时会将细菌一起吞入，容易生病。企业可以将破损、掉色、脱瓷陶瓷产品继续使用后对人的危害做成视频在各视频平台分享，让消费者了解危害情况。日用陶瓷企业应该在消费者在支付产品费用后，销售端直接将消费者数据反馈到售后服务平台，定时提醒消费者更换产品。

（3）日用陶瓷企业建立产品售后服务平台，消费者在产品使用过程中，遇到任何的问题都可以通过这个平台进行反馈。消费者购买产品一段时间后，平台会自动向消费者发送问卷以了解消费者对于该产品的使用情况，消费者填完问卷后会收到日用陶瓷企业发放的产品电子消费券作为奖励。产品售后服务平台与专卖店的平台是互通的，消费者在线上专卖店反馈的问题信息也会被导入产品售后服务平台。消费者的使用反馈数据最终会导入企业的数据分析库，数据分析库会分析问题出现的原因，然后系统根据数据的反馈自动调节下一阶段的生产计划。

售后服务平台与企业内部数据是相通的，售后服务平台从中获取消费者的消费信息，了解消费者购买产品的情况。平台会自动为消费者购买的产品设计“寿命倒计时”，当时间归零时，平台会自动向消费者发送短信，提醒消费者更换产品，消费者也可以主动通过产品售后服务平台进行产品更换。企业推出新产品时，平台也会实时向消费者推送新产品信息，便于消费者了解新产品的情况，促进购买。产品售后服务平台支持消费者之间交流，有购买需求的消费者可以向已购买产品的消费者了解产品的使用情况。

售后服务环节的营销创新示意如图6.8所示。

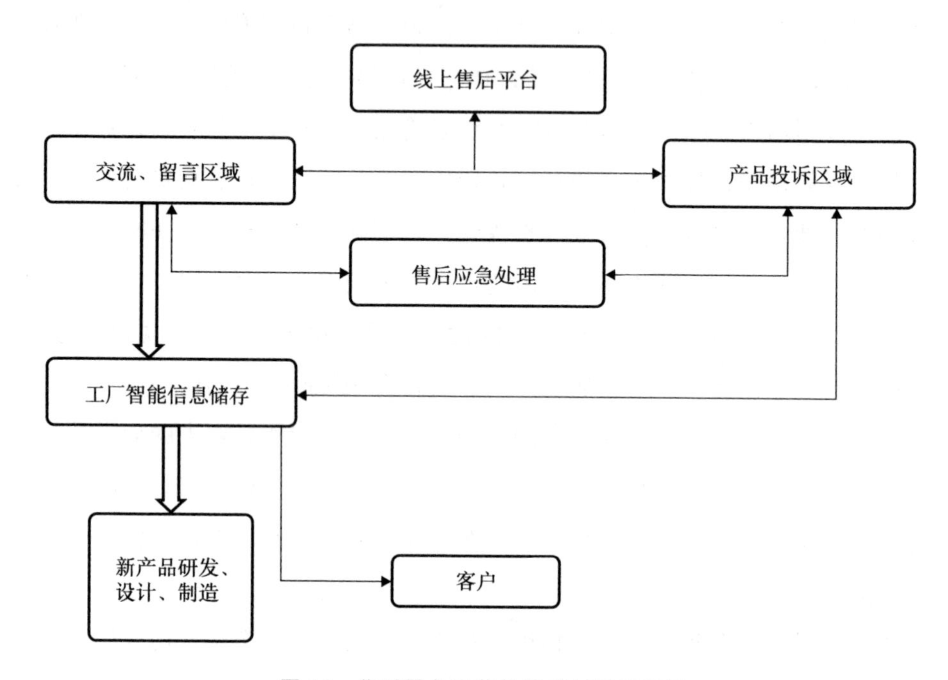

图6.8 售后服务环节的营销创新示意图

综上，智能制造是日用陶瓷企业发展的必然趋势，但是企业并没有实现营销环节的智能化，减缓了日用陶瓷企业智能制造的发展进程。企业实现智能营销，消费者可以根据企业提供的个性化产品设计软件自行设计日用陶瓷产品。产品设计端与企业生产端相连接，消费者完成设计方案并提交后，系统自动反馈生产数据到生产端，生产端自动为消费者安排生产任务。在产品生产的同时，生产端也会向企业物流控制系统反馈产品信息，物流控制系统自动通知物流企业安排产品信息的录入及产品的接收。同时，各个环节的数据都是互通的，消费者使用个性化产品设计软件设计产品的数据、企业设计师设计产品的数据等都会导入企业内部数据库。数据库会对各类数据进行汇总分析，为设计环节、生产环节等提供数据支撑，为消费者使用个性化产品设计软件提供理念支持。

企业通过营销环节的智能化管理，可以设置线下无人销售体验店，消费者可以自行购买产品，企业系统也会实时更新店铺产品数量，缺货时及时自动补货。日用陶瓷企业的营销创新将推动企业的设计环节、生产环节及物流环节的一体化管控，推动企业智能制造的高质量发展。

第7章

景德镇日用陶瓷企业智能制造案例

早在2003年，科技部批准并函复江西省人民政府，同意在景德镇市组建国家日用及建筑陶瓷工程技术研究中心，支持部省共建景德镇国家陶瓷科技城。自此以后，景德镇市“政、产、学、研”等各个主体整合科技资源，极大地促进了景德镇陶瓷产业优化升级。面对消费升级的市场需求现实和企业生产运营的实际压力，日用陶瓷产业如何打破僵局？推进日用陶瓷智能制造建设是引领制造方式变革、促进日用陶瓷产业转型升级的重要途径。近几年，基于大数据运算的智能自动刻花施釉方法、计算机控制陶瓷3D打印挤出成型装置、高温智能电窑、陶瓷材料的3D打印成型方法等智能生产技术、工艺和设备已纷纷被研发和运用到日用陶瓷企业。以景德镇邑山瓷业有限公司等为代表的日用陶瓷企业也逐步开始了智能制造的实践。

7.1 陶瓷智造工坊

7.1.1 企业简介

景德镇邑山瓷业有限公司于2014年5月5日成立，注册资本2亿元。公司经营范围包括：陶瓷原料的研发、生产及销售；产品包装；仓储服务；公路运输服务；电子商务平台服务；展览展示服务；技术咨询；品牌运营；基础设施建设；资产租赁及销售；进出口贸易；就业创业培训基地管理服务；劳动技术技能知识咨询；产教融合实训；代理水费、电费、燃气费收付服务；自有房产租赁等。

景德镇邑山瓷业有限公司陶瓷智造工坊产区如图7.1所示。

景德镇邑山瓷业有限公司为景德镇陶文旅控股集团有限公司全资子公司，景德镇国资监管企业。公司以省市重点项目——景德镇陶瓷智造工坊为载体，主营陶瓷生产制造、工业厂房租赁、陶瓷原料基地三大业务。同时，景德镇邑山瓷业有限公司引进了全球先进的设备、工艺和软件系统，采用德国、法国、日本等国先进陶瓷技术与本国技术相结合的模式，建设一座约3万平方米的机械一体化的智能工厂，把陶瓷智造工坊打造成陶瓷制造工业4.0概念，成为环保、智能化的陶瓷行业标杆，以及工业旅游的样板工程，致力于打造集适应城市建设、配套老城保护、推动产业转型、引领行业发展于一体的陶瓷智造平台。

图7.1 景德镇邑山瓷业有限公司陶瓷智造工坊产区

景德镇邑山瓷业有限公司积极实现当地陶瓷企业“退城入园”“抱团发展”，通过推动景德镇市陶瓷企业退城进园，加速陶瓷产业聚集，促使传统陶瓷生产从分散、无序、低端向集中、有序、高端转型。借助园区产业集群优势，景德镇邑山瓷业有限公司加快数字化智能化改革，推动业务由“产品”向“产品+服务”拓展，走出了一条服务型制造赋能地方特色产业转型升级的发展之路，为当地陶瓷产业跃升激发了新动能。

7.1.2 建设周期

陶瓷智造工坊是景德镇邑山瓷业有限公司近年来重点打造的核心项目，也是当地陶瓷产业集聚发展的一大地标。在这个占地700多亩的园区内，目前已有近300家陶瓷制造及配套企业进驻，吸引了众多“景漂”“景归”来此就业创业。陶瓷智造工坊精心设计了集陶瓷工业4.0示范区、陶瓷烧成集聚区、原料配送中心、成品物流中心等九大功能区和综合服务、金融、电商、设计研发四大服务平台于一体的陶瓷工业制造平台，为进驻企业提供从泥釉料供应，到陶瓷生产、窑炉搭烧、模具制作、物流配送、陶瓷销售等全产业链服务，构建了一个陶瓷产业生态圈 。该工坊项目分为两期建设。

2017年1月8日，一期开始建设。2018年7月24日建筑封顶。一期占地246亩，投资7.5亿元，已建成标准厂房28万平方米。其中可租赁面积约10万平方米，目前已完成9万平方米工业厂房的招商工作，142家陶瓷企业入驻，被审核认定为江西省创业孵化示范基地。一期项目主营陶瓷生产制造、工业厂房租赁及销售、陶瓷标准化原料三大业务。引进20余套德国SAMA公司及日本生产的高端设备和先进软件系统，将德国、日本等国外先进陶瓷装备技术与本土传统技术相结合，打造一座集电气化、自动化、信息化于一体的工业4.0智能工厂。在工厂内，技术工人只需简单操控设备，就能实现上料、成型、修坯、补水等工序的全自动化生产。在致力于先进智造的同时，也保留了传统手工生产线，使青花、玲珑、颜色釉等传统制瓷工艺技术得到有效的保护和延续。目前工厂已全线投产，年产陶瓷达1000万件。

2022年，景德镇陶瓷智造工坊小型微型企业创业创新基地获评江西省小型微型企业创业创新示范基地，其名单如表7.1所示。

表7.1 2022年江西省小型微型企业创业创新示范基地名单

序号	地区	单位名称	基地名称
1	南昌市	江西慧谷互联商业运营管理有限公司	味粽空间小微双创孵化基地
2	南昌市	江西省文港笔都文化产业发展有限公司	文港小微企业创业园
3	赣州市	赣州市南康区特色小镇运营管理有限公司	南康家居小镇创业新业示范基地
4	九江市	江西星火电子商务产业园有限公司	星火产业园
5	抚州市	抚州高新区创新创业服务中心有限公司	创新创业服务中心
6	景德镇市	景德镇邑山瓷业有限公司	景德镇陶瓷智造工坊小型微型企业创业创新基地
7	赣州市	鸿豪供应链管理(石城)有限公司	石城县鸿豪鞋服产业园
8	南昌市	江西清控科创科技服务有限公司	清控科创(南昌)创新基地

续表

序号	地区	单位名称	基地名称
9	萍乡市	江西省企创产业园运营管理有限公司	江西省企创产业园
10	赣州市	赣州市西城节能科技有限公司	赣州西城科技园
11	宜春市	江西赣西电商发展有限公司	南氏科技创新产业园
12	吉安市	新博商实业(泰和)有限公司	新博商·智慧谷小微企业双创基地
13	赣州市	赣州恒科产业园科技有限公司	恒科产业园

数据来源:江西省工业和信息化厅。

景德镇陶瓷智造工坊小型微型企业创业创新基地于2019年6月二期开始建设。二期项目分为工业区和商业区。工业区占地413亩，总建筑面积52万平方米，设置六大功能区、85栋建筑，东区200亩地块上，23万平方米的主体建筑已于2019年11月全部封顶，2021年12月27日完成验收。商业区为配套独立综合商业区，占地40亩，建筑面积5.5万平方米，主要建设内容包括陶瓷创新区、创业孵化楼、陶瓷综合厂房、配送中心、物流中心、成品仓库等设施。二期厂房的建设，可以确保集约化用地，解决各类企业的用地问题，实现高效投产，满足各类企业的投产需求。同时，通过厂房的集中供应，汇聚全产业链，资源互补，降低产业成本，带动全产业集群式发展，方便产业环保、消防、安全、税务等方面的集中管理。

7.1.3 设备信息

智能制造工坊部分设备信息如表7.2所示。

表7.2 智能制造工坊部分设备信息

设备名称	设备介绍
等静压自动生产线	最大直径:45cm 最大深度:15cm 最大产能:450件/时

续表

设备名称	设备介绍
素烧隧道窑	炉体长度(含前后转车台):59.6m 日产量:3万件 节能模块:OmronPLC
高压注浆机	最大产能:30件/时 最大产品尺寸:800mm
高温还原隧道窑	炉体长度(含前后转车台):59.6m 日产量:3万件 节能模块:OmronPLC
全自动施釉机(盘类)	最大产能:1400件/时 最大产品尺寸:380mm
万能磨底机	最大产能:1200件/时 最大产品尺寸:400mm

7.1.4 总体水平

借助陶瓷智造工坊大平台，设计、生产、销售实现无缝衔接，许多设计师品牌得以孵化成型，推动着景德镇陶瓷产业从无序到有序、从低端到高端、从分散到集中发展。据悉，目前在陶瓷智造工坊内，已有240多家陶瓷企业借助全球最先进的设备工艺和智能软件，实现了个性化定制、柔性化生产，成本降低，陶瓷年产量高达5000余万件。

7.2 数字孪生

7.2.1 企业简介

景德镇陶瓷集团有限责任公司（简称景陶集团）是景德镇陶瓷行业龙头企业，总部位于景德镇市昌南新区红叶路66号。景陶集团于2018年6月14日正式挂牌成立，注册资本2.78亿元，占地面积约220亩，现有员工约850人。景陶集团拥有当今世界先进的陶瓷工艺技术和装备，具有年生产高档日用瓷、陈设瓷、艺术瓷3000万件（套）的能力，是国内唯一一家集陶瓷研发、设计、生产、销售和品牌推广于一体的大型现代化陶瓷制造企业。目前，集团下辖景德镇红叶陶瓷股份有限公司（简称红叶陶瓷）、江西省陶瓷进出口有限公司、景德镇国瓷馆陶瓷有限公司、景德镇金品陶陶瓷有限公司和景德镇红叶数字商务有限公司等子公司。拥有“红叶”“金品陶”“百花”“家好”四大自主品牌。

长期以来，景陶集团秉承传统、锐意创新，先后为人民大会堂，APEC国际会议，雅典奥运会、北京奥运会、平昌冬奥会，以及新中国成立60周年国庆庆典天安门观礼台、抗战胜利70周年天安门城楼大阅兵等众多重要场所设计、生产专用瓷。景陶集团是迄今国内日用陶瓷唯一大规模集中跻身国宴国礼用瓷的中国名牌产品。红叶陶瓷，传承景德镇千年窑火，不断守正创新。

景陶集团以“建世界一流企业，树百年经典品牌”为战略发展定位，为加快建设世界一流日用陶瓷企业目标，近年来，景陶集团立足企业整体战略布局，大力实施“人才兴企”战略，建立了“博士后工作站”，汇聚各路英才，不断增强企业科技创新实力，助力集团迈向科创新高地，实现高质量发展。

7.2.2 海尔数字孪生技术

作为虚实相融的重要抓手，数字孪生技术已日渐成为推动数字经济及产业元宇宙发展的重要动力。2022年，工信部、教育部等5部门联合印发的《虚拟现实与行业应用融合发展行动计划（2022—2026年）》提出：到2026年，虚拟现实在经济社会重要行业领域实现规模化应用，形成若干具有较强国际竞争力的骨干企业和产业集群。

1.在企业的运用

企业数字化转型的需求“千企千面”，把握“破题”的核心才是要义。数字化的关键在于提升数据要素的创造力。基于物联大数据和仿真优化的工业数字孪生技术，海尔以卡奥斯工业互联网平台为抓手，将工业制造领域的长期积淀及共性技术开放共享，提炼出决策平台（DI Engine）、数字孪生场景编辑器（DT Studio）、物联平台（IoT Plat）及数字空间（Data Space）四大模块，集合到由数据驱动、端到端的D^3OS工业操作系统，并可根据企业需要进行组合，配合数字空间、工业机理模型、知识图谱等工业互联网核心模块，为转型中出现“疑难杂症”的企业开出一剂强劲的“组合”药方。

2.在城市的运用

依托AIoT、大数据、AI算法和数字孪生四大核心技术，海尔海纳云创新搭建起星海数字平台，打通城市各部门数字要素间流通的壁垒，从城市的“神经末梢”到“大脑中枢”建立起高效协同的数字化体系，以实景三维技术创新，将城市动态信息变化实时呈现。

7.2.3　景陶集团数字化工厂

景陶集团旗下红叶陶瓷占地2000平方米的工厂有了虚拟世界的“孪生兄弟”，通过车间里的一块块电子屏幕，人、机、料、法、环工厂管理五要素一目了然，并可以预测、执行更高效的生产方案。景德镇陶瓷集团还引进了等静压自动生产线、素烧隧道窑、釉烧隧道窑、自动施釉线等先进设备。

景德镇陶瓷集团荣膺“陶瓷产业数字化转型先锋称号”，如图7.2所示。

图7.2　景德镇陶瓷集团荣膺“陶瓷产业数字化转型先锋称号”

景陶集团通过与景德镇联通公司合作，对景德镇红叶陶瓷股份有限公司一厂生产车间进行数字工厂的改造实施，项目完成后入驻中国陶瓷工业互联网平台，红叶陶瓷可以实现在线展示、接单，拓展了销售渠道。采用数字化、信息化手段，对工厂人、机、料、法、环全要素进行改善升级，构建日用陶瓷全流程的数字化工厂，有利于企业提质降本增效。

7.3 废瓷回收再利用

7.3.1 企业简介

景德镇市瓷海瓷业有限公司（简称瓷海瓷业）是一家以科技创新为主导，集新型陶瓷产品研发、设计、生产、销售于一体，专业从事陶瓷制造与销售的高新技术陶瓷企业。

景德镇市瓷海瓷业有限公司总部坐落于瓷都——景德镇，目前主要生产陶瓷珠宝、装饰陶瓷、体育陶瓷、宗教陶瓷、家居陶瓷、电子陶瓷等多个系列产品，并逐步延伸至环保陶瓷、工业陶瓷、医用陶瓷、精密结构陶瓷等领域。公司产品设计合理、品质精良，获得市场的高度认可，与多家国内外知名企业保持长期战略合作关系。

2012年创建至今，景德镇市瓷海瓷业有限公司始终坚持“发展循环经济，节约能源资源，打造绿色、生态、环保产业，推动瓷土资源永续循环和陶瓷产业可持续发展”的发展理念，严格执行先进的技术、质量、环境管理体系标准，采用行业内较先进管理体系，致力于为消费者创造舒适、健康、环保的新型陶瓷产品。

先进的工艺技术和严格的质量标准，是瓷海瓷业高品质产品的保证。作为新型陶瓷产品行业的领头羊，瓷海瓷业尤其重视技术创新，公司研发的“废瓷利用工业配方”已申请国家发明专利（专利申请号：201610142430.6），成为世界陶瓷领域首创的工艺方法。利用此工艺生产的新型陶瓷产品质量优、品质佳、硬度强、密度好，攻克了传统陶瓷易碎、易变形的难题。而且，能源消耗比传统陶瓷生产降低了30%以上，产品完全无毒无害。

2016年9月，时任中央改革办副主任的陈一新莅临瓷海瓷业视察，称赞瓷海瓷业正引领陶瓷产业进行一场深刻革命。2016年11月，时任江西省委书记的鹿心社亲临瓷海瓷业视察调研，时任江西省省长的刘奇专门对瓷海瓷业作出批示："很好！要鼓励更要支持！尤其是敢闯敢拼的创新精神和理念！"这充分肯定了瓷海瓷业多年来坚守的发展理念，展现出瓷海瓷业巨大的发展潜力。

经过近10年持续不断的技术攻关和成品研发，瓷海瓷业研制生产的电子陶瓷产品已达到国内同行业先进水平，可广泛应用于电子、机械、航天、化工、纺织等许多领域。各种定制的氧化铝和高强度陶瓷产品，在尺寸公差、形位公差、电性能、使用性能等方面，能完全满足客户的要求。

7.3.2　"废瓷回收再利用"项目

在日用陶瓷和艺术陶瓷领域，陶瓷固体废弃物的循环利用几乎还处于空白状态。绝大部分日用陶瓷、艺术陶瓷企业都选择用"填埋"的方式处置无法降解的陶瓷固体废弃物。仅景德镇一个产瓷区，一年就产生9万吨陶瓷固体废弃物。这些废弃物不仅挤占土地，而且严重污染环境。如何对这些陶瓷固体废弃物实现综合利用，成为保持陶瓷产业可持续发展必须解决的问题。

依托一种以废陶瓷为主要原料生产精细陶瓷产品的方法，瓷海瓷业已研发生产出多个系列多种陶瓷产品。

产品1：特种陶瓷结构件

特种陶瓷的原料主要为矿石粉末（堇青石和莫来石粉末）和添加剂（甲基纤维素），由于制造特种陶瓷的相对较高端的原料都在日本，而且其成本占总销售成本的比例约为50%，所以一般来说，特种陶瓷的生产成本较高。

以陶瓷固体废弃物为主要原料生产陶瓷产品的工艺流程如图7.3所示。

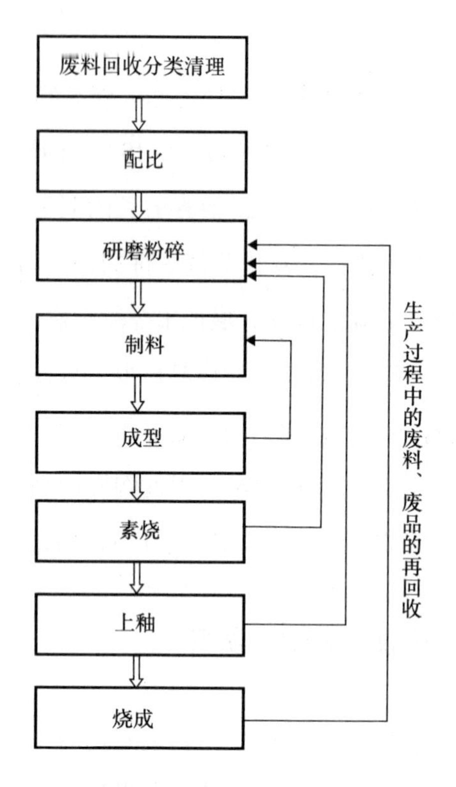

图7.3　以陶瓷固体废弃物为主要原料生产陶瓷产品的工艺流程

瓷海瓷业所生产的特种陶瓷用的是废瓷，因为瓷海瓷业有相关的技术和精湛的制造工艺，生产这类产品的原料在周围地区就能获取，无须进口，有效控制了成本。

瓷海瓷业生产的特种陶瓷多种多样，有耐热性优良的特种陶瓷、隔热性优良的特种陶瓷、导热性优良的特种陶瓷、耐磨性优良的硬质特种陶瓷、润滑性优良的特种陶瓷及高强度的特种陶瓷等，可以说种类多、用途广，能满足大多数企业的特定需求。

产品2：陶瓷珠宝

经过近10年持续不断的技术攻关和成品研发，瓷海瓷业的产品设计人员在尊重历史的基础上，秉持“传统＋创新”的设计理念，设计出经典系列（民族风、中国风等传统经典）、时尚系列（当下流行趋势）、豆蔻年华系列、欧洲风情系列（异域风情、贵族奢华风格）等多个系列200多款产品。与此同时，瓷海瓷业的技术人员在数十道工序上精工细作，在2017年4月26日试制出第一批达到珠宝等级的陶瓷珠宝，翻开了珠宝界新的历史篇章。

陶瓷珠宝是以新型陶瓷材料为主要原料，其具有抗高温、超强度、耐磨、柔韧性强、多功能、无辐射等性能，远优于一般珠宝玉石。配件部分均为符合国家质量标准的贵金属材料。这种新型陶瓷材料制成的陶瓷珠宝不仅色彩艳丽、轻盈耐磨、样式精美，还具有恒温的特性，贴合人体体表温度，佩戴舒适，而且硬度高、永不褪色。研究证实，陶瓷珠宝对改善新陈代谢、促进血液循环有一定的作用，因而陶瓷珠宝也被视为一种“新型绿色宝石”。

其他产品：

陶瓷宣纸、陶瓷筷子头、陶瓷徽章等新产品也在不断完善研发设计和量产的过程中。

潜水艇青花瓷板地漏历时8个月完全攻克全部技术难点，目前已经基本可以实现量产，并逐步在天猫、京东店铺上线，销售量稳步上升。

国宴陶瓷筷子头已经攻克所有技术难点，3个月后实现量产，客户持续增加。

瓷海瓷业为江西省第十五届运动会制作的奖牌（金牌、银牌、铜牌）、纪念章、礼品等获得一致好评，很大程度上提升了企业形象。

国内首款正反双面陶瓷币研发和试制成功，历时一年，虽然耗费大量的时间和制造成本，但是为后续的旅游市场产品打开了销路。

陶瓷党徽产品已完成试制，获得景德镇市一些党群机关的高度认可，市场前景较好。

7.3.3　生产步骤

瓷海瓷业特种陶瓷的生产步骤大致可以分为以下三步。

第一步，陶瓷粉体的制备。

第二步，成型。

第三步，烧制。

特种陶瓷制备工艺流程图如图7.4所示。

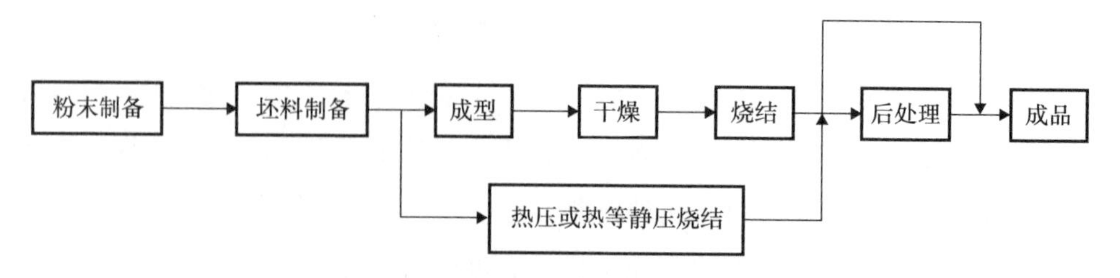

图7.4 特种陶瓷制备工艺流程图

“陶醉”珠宝简要生产流程如图7.5所示。

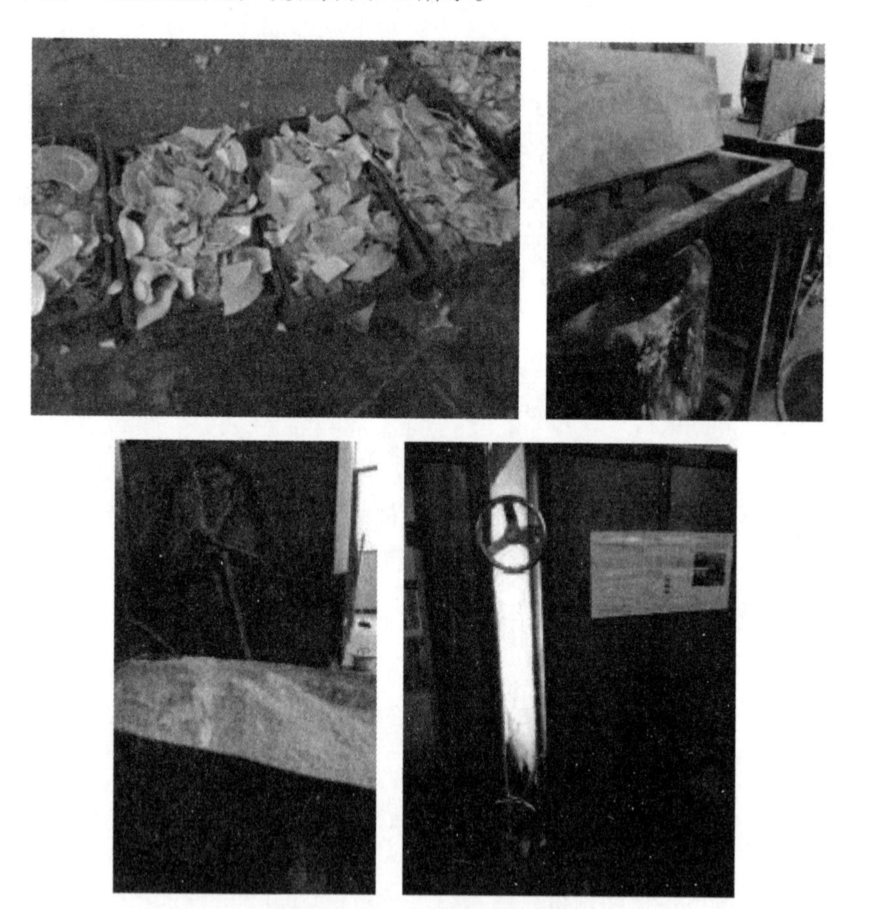

图7.5 “陶醉”珠宝简要生产流程

7.4　指尖上的陶艺

7.4.1　项目背景

1. 天时

国家为推动移动互联网、云计算、大数据、物联网等新技术的应用，促进电子商务、工业互联网和互联网金融健康发展，引导互联网企业拓展国际市场，大力开展“互联网+”行动计划，将传统行业与互联网进行深度融合，创造新的行业业态。

2. 地利

本项目落户“千年瓷都”景德镇的国家级高新技术产业开发区，拥有得天独厚的优势。

景德镇市位于“六山”“两湖”（庐山、黄山、九华山、三清山、龙虎山、武夷山及千岛湖、鄱阳湖）的中心，御瓷生产迄今已有600多年。在漫长的岁月中，景德镇博采众长，广泛吸纳全国各地名窑精华，生产的瓷器逐渐形成了“白如玉、明如镜、薄如纸、声如磬”的独特风格。中国自公元10世纪开始向朝鲜、日本和欧洲传播陶瓷技艺和工业文明，景德镇已成为西方了解和学习中国陶瓷文化的一个重要窗口。“中华向号瓷之国，瓷业高峰是此都”，景德镇是中国的“瓷都”，也是世界的“瓷都”。

3. 人和

本项目团队成员均为景德镇陶瓷大学在读硕士生和本科生，项目以景德镇陶瓷大学为依托，由江西省陶瓷企业信息化工程技术研究中心孵化和参与，拥有强大的技术团队支持。工程中心在国家高技术研究发展计划（863计划）、国家科技支撑计划支持下打造的陶瓷电商平台、陶瓷云设计平台和陶瓷云服务平台积累了大量的供应商资源、陶瓷设计资源和陶瓷生产技术资源，为本项目的创业奠定了良好的市场基础。

景德镇陶瓷大学是中国唯一一所面向陶瓷行业的高等学府，拥有国家日用及建筑陶瓷工程技术研究中心、国家陶瓷质量监督检验中心、全国陶瓷标准化中心、中国轻工业陶瓷研究所、中国陶瓷知识产权信息中心、中国陶瓷艺术设计研究中心及江西省陶瓷企业信息化工程技术研究中心等行业权威机构。近年来，学校积极牵头组建产学研联盟，与景德镇、高安、佛山、潮州、淄博、醴陵等16个主要产瓷区开展了全面的产、学、研合作。长期以来，学校为社会培养和输送了各类陶瓷学科人才近10万名，大批毕业生已成为陶瓷业界著名的艺术家、企业家、科技领军人物，中国工艺美术大师（陶瓷类）、中国陶瓷艺术大师、中国陶瓷设计艺术大师近三分之二毕业于该校，学校主办了《中国陶瓷》《陶瓷学报》《中国陶瓷工业》3种学术期刊，其中2种被北大图书馆列入中文核心期刊，享誉国内外陶瓷界。学校在行业的地位和影响，以及遍布全国各大陶瓷产区的校友资源成为本项目的独特优势。

7.4.2 App概述

“指尖上的陶艺”是国内首款集个性化定制、众创空间功能于一体的陶瓷垂直电商App。打造的是互联网+陶瓷新业态。以用户为中心，整合行业资源，变革生产方式，重新定义渠道。“指尖上的陶艺”App主要包括手机淘瓷、私人订制、陶艺空间三大功能模块。“指尖上的陶艺”App的主界面如图7.6所示。

图7.6 “指尖上的陶艺”App的主界面

7.4.3 App的功能

1."手机淘瓷"模块的功能

在已上线运营的“中瓷商城”的基础上，开发陶瓷类垂直电商平台的移动端，与佳洋、红叶、玉柏等众多品牌厂商合作，搭建陶瓷产品可信交易服务平台，为消费者提供大众化陶瓷产品便捷购买渠道，并研发图像搜索系统，推出“拍照淘瓷”功能，只需要发送喜欢的陶瓷产品图片，使用图片搜索功能就能找到一样的产品，如果找不到，用户还可以选择合作企业专门仿制。

平台采用自营与第三方卖家结合的方式，自营产品以学校师生作品为主，无库存积压风险，同时支持陶瓷企业以第三方卖家的身份自行开店销售。

2."私人订制"模块的功能

通过供应链整合，为用户提供个性化产品设计、加工、物流一条龙服务。提供模块化个性订制及私人专享订制两种模式。

陶瓷云设计服务平台为用户提供包括器型库、配件库、图案库等订制素材，构建陶瓷订制在线选配系统（图7.7）。用户还可以自行上传照片或文字，订制全球独一无二的产品。模块化个性订制产品由合适的陶瓷生产企业进行加工，确保产品质量。

针对个性化用户提供私人专享订制服务。对于造型独特、技术要求高的订制产品，用户可以自主选择线上陶艺设计师，进行一对一的专业沟通，设计师完成产品设计并经用户确认后，交由平台选择合适的生产企业进行产品加工并交付用户。

（第一步：选器型）

（第二步：选配件）

（第三步：选图案）

图7.7 器型拼接、图案设计界面

3.“陶艺空间”模块的功能

以景德镇陶瓷大学师生为主体，汇聚全球陶艺爱好者，打造“陶艺空间”，为陶艺爱好者提供线上线下陶艺创作体验、陶艺创作交流与培训、陶瓷作品展示评比、企业委托设计等服务。

• 基于触摸屏的三维陶艺系统，用户可用手指轻轻触碰屏幕上的坯体，通过滑动、拉拽、按压，就能轻松感受陶艺产品的制作过程。

• 邀请学校艺术专业教师开设不同方向及层次的在线培训课程，为广大陶艺爱好者提供专业学习的平台。同时与各大城市的陶艺吧门店合作，开展线下陶艺创作体验和培训，用户可自主就近选择陶艺吧，预约学习时间。

• 打造“网络众包 + 制造业”的模式，与陶瓷企业合作，开展产品创意设计征集活动，激活人气；为陶艺设计师提供在线交流、合作、分享空间；为陶瓷制造企业提供在线购买设计作品和素材、委托设计服务，实现设计作品版权交易。

7.4.4 技术方案

1.“手机淘瓷”模块的技术方案

在现有中瓷商城电商平台的基础上，封装标准化数据接口，将传统的PC端服务移植到App中，在丰富移动端体验的同时精简部分操作流程，并研发基于图像搜索的“拍照淘瓷”功能，同时搭建基于手机浏览器的基础功能版本，方便用户通过微信、微博等其他渠道分享和推广平台中的产品。

2.“私人订制”模块的技术方案

通过可视化模型组装技术实现设计素材的个性化搭配功能。首先，锁定单一坯体素材；其次，选择搭配单个或多个配件素材，在保证空间合理性的情况下自由定位组合；再次，可以根据坯体表面计算图片素材的弯曲率，以适应更多的定制场景；最后，提取用户最终设计作品模型中的Mesh信息及关键设计要素，进行压缩后传输至服务器，在保证作品完整性的同时将用户数据流量消耗降到最低。

3.“陶艺空间”模块的技术方案

打造以陶艺爱好者为核心的“众创空间”。除了App自带的推送功能外，还有接入微信、短信等消息服务的API，以保证用户第一时间获取信息动态。使用流媒体服务在线播放与陶艺设计相关的视频公开课，并在适当情况下利用优酷、腾讯等大的视频平台进行分流。

项目使用时下流行的Unity3D引擎技术，其在AR和VR方面都提供了大量可靠的工具。除了允许设计师修改预置模型的Mesh信息派生出新的素材外，还可以通过PC端上传其他常规设计工具设计的文件至服务器端，服务器通过工具将相关文件转换为可读取的Assetbundle素材包。

7.4.5 样板项目——景德镇陶瓷大学2018级本科新生入学纪念瓷

景德镇陶瓷大学2018级本科新生入学纪念瓷（图7.8）由时任景德镇陶瓷大学校长宁钢监制、时任设计艺术学院副院长郭玉川设计，该纪念瓷为月亮盘，直径21.5厘米。瓷盘以粉彩装饰，口沿以内施黄釉；同时，绘以喜鹊、折枝梅花纹；并缀四个开光，内书红彩“金榜题名”四字。瓷盘外壁施透明釉，大圈足内受景德镇书写底款的传统启发，书以录取通知书内容，文字参照中国古代惯例从右至左竖排排列，并印有景德镇陶瓷大学校徽及校长签名。学校还精心设计了包装盒与支架，便于珍藏、携带以及陈设。

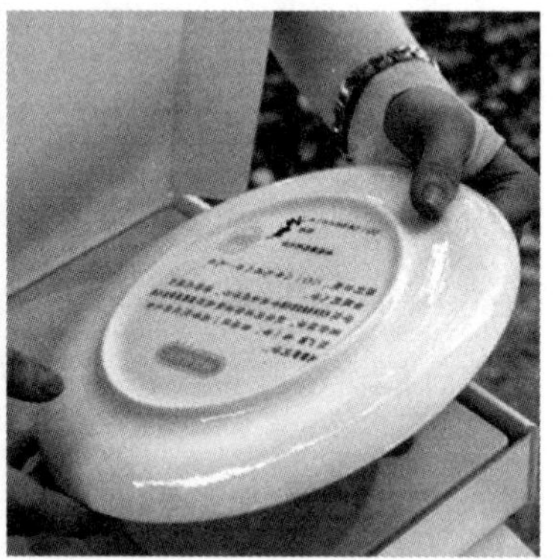

图7.8 景德镇陶瓷大学2018级本科新生入学纪念瓷

2018年9月9日，景德镇陶瓷大学在湘湖校区组织2018级本科新生领取入学纪念瓷。2018级新生按照学院顺序分时间段领取纪念瓷盘，学生只需三步即可获得。第一步，微信关注“陶大定制”公众号；第二步，进入公众号，在“用户中心”里选择“编号查询”，输入相关信息即可在查询结果中获得自己的“瓷盘编号”；第三步，凭“瓷盘编号”并出示入学通知书，就可以领取自己的定制瓷盘。

第8章

景德镇日用陶瓷智能工厂的解决方案

相较于其他行业的智能工厂及其他产瓷区的日用陶瓷智能工厂，目前景德镇的日用陶瓷企业中，仅有景德镇邑山瓷业有限公司的陶瓷智造工坊可以达到智能工厂的最低标准。为此，本章以陶瓷智造工坊为研究对象，总结归纳其搭建和运行状况，为景德镇其他日用陶瓷企业智能工厂的建设提供解决方案。

8.1　景德镇邑山瓷业有限公司概况

在大力发展文化创意和文化旅游产业、促进传统制造业与文创产业完美融合的背景下，2013年，景德镇陶溪川文创街区项目一期在宇宙瓷厂内开工，揭开了景德镇陶瓷工业转型升级的序幕。为满足日用陶瓷生产制造及可持续性发展的需要，作为日用陶瓷智能生产的标杆企业，从2014年发展至今，景德镇邑山瓷业有限公司（简称邑山瓷业）完成了迈向智能制造三个阶段的升级，即起步阶段、成长阶段和发展阶段。

8.1.1　起步阶段

打造智能工厂是当代制造业企业跟上时代步伐的重要举措，邑山瓷业也不甘落后。2014年，景德镇邑山瓷业有限公司成立；2019年9月，邑山瓷业决定斥巨资，打造一座年产高达1000万件瓷器的智能工厂；2020年7月，景德镇陶瓷智造工坊第二期投入使用。

8.1.2　成长阶段

邑山瓷业从德国、日本等制造业技术发达的国家引进20余套先进设备，集成了MES、ERP、WMS等先进的软件系统，利用景德镇陶瓷工业园区产业的集群优势及突出的服务环境，通过提供标准厂房为生产经营场所，形成电商、研发、设计集聚区，陶瓷工业4.0示范区，陶瓷烧成集聚区，传统艺术陶瓷创新区，陶瓷创业孵化成长区，原料配送中心，成品物流中心，综合服务中心，人才公寓九大功能区，安排5000多人创业就业。

8.1.3 发展阶段

邑山瓷业现在已有一个非常成熟的大型工厂，生产线引进国外先进技术，还拥有原料厂、泥料厂，质量把控等方面也非常完备，根本不会有大订单的后顾之忧，而且他们的价格也是非常公道的。逐步安排800家小微企业入驻，形成一个特色鲜明的陶瓷产业集群，打造集约高效、特色鲜明、优势互补的现代化陶瓷产业体系，提升整个陶瓷产业的转型升级和高质量发展。

8.2 陶瓷智造工坊概况

陶瓷智造工坊项目设置了传统陶瓷小微企业创新区、小微企业孵化成长区、原料配送中心、仓储物流中心及电商、研发、设计集聚区等，形成了一条从设计研发到生产销售的完整产业链，这样的“一条龙”服务为助推陶瓷企业转型升级发挥了重要作用。

陶瓷智造工坊从德国、日本等制造业技术发达的国家引进了20余套进口设备（表8.1），集成了MES、ERP、WMS等先进的软件系统，采取了国外先进陶瓷制备技术与本土传统的生产技术相结合的模式，打造一座约3万平方的机械一体化，集自动化、智能化、信息化于一体的工业4.0智能工坊。把陶瓷智造工坊打造成陶瓷制造工业环保、智能化的陶瓷行业标杆，工业旅游的样板工程，引领行业发展。

表8.1　引进设备相关信息

设备名称	高压注浆机	全自动浸釉机	自动空心注浆机	素烧隧道窑	还原釉烧隧道窑	平盘等静压机
特点	采用实心注浆工艺生产不规则器型	可与垂直行程的摆力系统相连	陶瓷空心器型注浆成型	炉体采用模块化分段式组装和自动点火控制器	采用自动点火控制器	可以自动填料、自动修坯
产能	每小时可达30件	每小时最多可达1400件	每小时最多可达160件	每天最多可达73566件	每天最多可达27520件	每小时最高可达500件
优势	采用优化的液压系统	可以快速简易地实现器型的变换	劳动强度低	每天生产台车62台	每天生产台车67台	采用干法压制

8.3　陶瓷智造工坊发展过程中存在的问题

虽然陶瓷智造工坊这几年在智能制造方面取得了一些不错的成绩，但总体来说，陶瓷智造工坊在建设和运行过程中仍存在以下问题。

8.3.1　“人才洼地”还未建成，“景漂”未得到充分利用

企业的发展离不开人才的支持，如何培养人才、如何吸引人才、如何留住人才是企业要关心的核心问题。如果企业没有制定出与人才发展相适应的战略规划，会导致优秀人才在企业中无法获得长久的发展。

（1）虽然目前陶溪川是青年创业扶持计划的一个典范，已为创业青年打通了“邑空间线下商城”“陶溪川创业集市”和“线上陶溪川”三大销售渠道，但是邑山瓷业及其陶瓷智造工坊作为该计划的依托，还没有完全形成一个集销售平台、创意平台和制造平台于一体的日用陶瓷设计、研发、生产、销售的全产

业链闭环。由于邑山瓷业及其陶瓷智造工坊产业链条不够完善，大量的“景漂”不能专注于自己的强项，导致他们的文化创意在这一过程中流失。企业的发展受人才制约影响，新产品发展、更新缓慢，加上用工困难，严重影响企业发展壮大。

(2) 邑山瓷业及其陶瓷智造工坊现有的人才激励机制还不够完善。因为邑山瓷业成立的时间并没有很长，很多方面还缺乏经验，员工管理方面也还有所欠缺。缺乏一套行之有效的管理人员制度，企业针对管理人员和技术人员设定的关键绩效和激励奖惩指标，并没有对员工的日常工作和优秀成果形成一个客观、全面的衡量效果，从而导致企业和员工对自身的认知存在差异，也并没有对员工起到一个很好的激励作用。很多员工日复一日年复一年地做着相同的工作，缺乏拼搏进取的态度，这对企业的发展是非常不利的。

8.3.2 对市场需求还未充分了解,智能生产产能与市场需求不匹配

随着时代的变化、技术的升级和创新，以及人们对高品质生活的追求，低端日用陶瓷已经不能满足人们的需求。人们对自己的身体健康及环境保护等方面的关注度也在不断提高，陶瓷作为人们日常生活中不可或缺的日用品，人们对它的要求也越来越高。优良的产品品质、新颖独特的产品造型、绿色健康环保的材料等都将成为消费者选购日用陶瓷产品重要的参考指标。由于消费者的消费水平、生活环境、文化程度等各方面都存在一定的差异，对产品的需求也不相同，因此，造型、艺术形式单一的日用陶瓷产品很容易被市场淘汰。并且在互联网不断发展的背景下，消费者的需求也从“批量化”开始走向“定制化”。

(1) 生产设备智能化升级后，生产效率大幅提升，一小时最少可生产300件产品，相当于过去半自动化设备一天的产量。目前邑山瓷业及其陶瓷智造工坊主要还是以批量生产为主。其一，它设计与研发产品的能力有限；其二，工厂的生产设备并没有达到精细化标准。

(2) 目前邑山瓷业及其陶瓷智造工坊面临的困境是智能设备生产出来的大多都是低端定制化产品，而市场上所需要的更多的是中高端定制化产品，低端日用陶瓷的市场几乎达到了饱和状态，现有的生产模式导致了产能过剩和生产与消费需求方面信息不对称的问题，造成了企业产品卖不出去、消费者买不到心仪产品的窘境。

8.3.3　智能化与自动化水平亟待提高

虽然如今陶瓷智造工坊的生产线基本上已经实现了运作流程的自动化，但建立的生产线是断续的、半自动化的，只是在有些生产环节上采用了机械设备，有些生产线只是局部实现了自动化。对整个生产过程来说，还远不是自动化生产，更谈不上数字化和智能化。中间部分环节还是依靠人工操作，智能化与自动化水平亟待提高。

(1) 陶瓷智造工坊引进的生产设备的系统是比较复杂的，一些设备的功能没有得到充分利用，没有统一自动化生产线规划，导致单机实现了智能化，但生产线却没有，生产线之间还需要中转库来转运。目前在陶瓷智造工坊的智能工厂内仅仅是实现了设备的智能化更新，而研发、设计、物流等方面依旧沿用的是传统模式，并没有完全实现智能化和自动化。

(2) 因为还没有完全实现智能化，生产周期较长。比如，日用陶瓷的生产需要经过设计、打样、成型、施釉、烘干、烧制、质检、包装、仓储等环节，从泥土变成成品，中间的步骤是很繁杂的，需要的时间也较长，客户如果从线上下单到拿到产品，大概需要30天，生产时间过长导致客户在无形之中流失，这对企业来说是不利的。

8.3.4　生产流程不够柔性化

柔性化生产是指在产品质量、生产成本大致相同的条件下，生产线可以在大批量生产和小批量生产之间任意切换。

(1) 由于陶瓷智造工坊现有的研发、生产、销售等方面缺乏智能化手段支持，对外界环境的适应能力还远远不够，只能根据原有的设定来实现固定的大批量生产。这样一来，不仅会造成资源的大量浪费，还没办法满足市场需求。

（2）虽然陶瓷智造工坊引进了一些日用陶瓷智能制造生产设备，亦按照“智能制造装备—智能制造生产线—智能制造工厂”“三步走”的方式来进行日用陶瓷智能制造的实践，但由于还没有完全实现智能化，且生产过程数据和生产结果数据的采集、收集和综合分析还有所欠缺，在生产过程中无法做到实时的柔性化调控，精细化、精益化生产的实现还存在一定的阻碍。

8.3.5 存在信息孤岛和自动化孤岛,缺乏数据管理

在陶瓷智造工坊，智能工厂的建设涉及不同的自动化与智能化生产设备，各流程间质量信息关联不足，收集起来费时又费力。在这个过程中存在诸多信息孤岛，也存在很多自动化孤岛。

（1）各个工厂之间还没有完全实现联网，自动采集生产数据对大部分生产设备来说是非常困难的，各个设备之间的信息共享程度不高，信息收集不到位，严重缺乏数据管理。

（2）生产设备的功能没有得到充分利用，设备在运行过程中没有得到有效管理，机器一旦发生故障，生产计划就会被打乱，影响产品生产，这对企业的发展来说是致命的。

（3）在工厂运营方面还缺乏信息系统的支撑，整个厂房还处于“黑箱”状态，收集的与生产有关的数据不准确，难以实现对生产过程的全程追溯，无法实现全流程、全生命周期的质量管控。

8.3.6 产品质量管控不到位,企业产品竞争力不足

在日用陶瓷产品质量控制环节，陶瓷智造工坊缺乏可追溯的手段，生产过程中没有对具体数据进行收集与整理，导致质量信息整合程度差，制作出来的产品质量不高。

（1）日用陶瓷从设计到成品中间的步骤很多，程序也很繁杂，陶瓷材质、

形状、工艺手法等因素的任何一个环节出现问题都会导致制作出来的产品达不到想要的标准，因此，控制制作过程中的不确定因素就显得尤为重要。要想达到百分之百的还原效果，中间需要克服的阻碍太多，对目前的生产技术来说，还是很困难的。

（2）由于日用陶瓷生产过程复杂，涉及的参数与产品信息较多，大部分数据都是依靠人工采集、手动输入，无法完全实现信息化，这制约着产能和质量的进一步提高。产品质量不过关，在面对其他企业的竞争时，就会处于弱势地位，产品竞争力不够对企业发展来说是致命的。

8.3.7　关键装备受制于人

由于技术的发展，现代日用陶瓷企业大部分实现了半机械化。企业本身没有制作先进设备的能力，最核心的生产设备受到了很严重的制约。

（1）陶瓷智造工坊智造工厂的大型智能生产设备几乎都是从国内外供应商处购买的，不仅价格昂贵且存在供货风险。比如高压注浆机、自动施釉线、平盘等静压机、自动杯子成型机、万能磨底机等都是从德国SAMA公司引进的。

（2）由于先进设备比较精细化，企业每年还需将大量资金花费在维护与维修设备上，无形之中大大提高了企业的成本。与此同时，由于我国日用陶瓷生产一直处于低端领域，产品价格较低，但引进设备的成本却在不断增加。

8.4　陶瓷智造工坊智能制造发展路径

针对陶瓷智造工坊智造工厂目前存在的问题，就其发展路径应做出如下调整。

8.4.1　总体架构

结合陶瓷智造工坊在日用陶瓷生产的实际情况，陶瓷智造工坊要以智能制造为核心，充分利用管控一体化手段和具体的智能方法，实现产品设计、研发、生产、营销、物流的完全智能化，从而驱动研发制造一体化、生产供应一体化、销售物流一体化，在关键技术和关键领域取得一定进展，实现对生产设备的自动检测和监控，达到对生产过程的全程监督。

8.4.2 具体实施路径

1.加大人才培养，建立完善的人才培养体系

（1）可以搭建“景漂”就业创业平台。以清晰的定位、完善的功能、规范的管理为目标，以文创基地为主要承载平台，达到加快要素资源整合的目的，把陶瓷智造工坊打造成一个创业孵化的载体，让数以万计“景漂”创客汇集于此。

（2）校企合作、产教融合。陶瓷智造工坊可以与景德镇的多个陶瓷高等院校，如景德镇陶瓷大学、江西陶瓷工艺美术职业技术学院、景德镇艺术职业大学等，进行人才联合培养。陶瓷智造工坊为学生提供实习场地，以及专项的培养资金；学校为企业提供相关人才，在学校课堂上开设培养课程，帮助学生快速掌握本专业知识，培养学生的实践能力及动手能力，以此来满足企业对人才的需求。

（3）以陶瓷智造工坊的名义建立一个多方合作的创业基金池，通过金融扶持来吸引更多的“景漂”青年进驻，制订设计、研发、生产、销售的一整套扶持计划，形成一个全产业链闭环的人才洼地，让众多专业人才集聚于此，帮助他们落地生根、发展壮大。让他们充分发挥才能、创意，扎根在景德镇这块沃土上，从而提升景德镇的创造活力，让每一个“景漂”青年都能在景德镇找到属于自己的一方宝地。

2.以客户需求为导向提供定制化产品服务

致力于打造一个集个性化定制、柔性化生产、品牌化运营于一体，汇聚研

发、设计、成型、烧制、包装、物流、营销等形式的陶瓷产业生态圈。

（1）陶瓷智造工坊在日用陶瓷产品的造型、图案、样式等方面，要融入一定的文化底蕴，在提升文化品位和产品附加值上下功夫，满足消费者在日用陶瓷产品个性化、定制化、多元化方面的需求，通过智能设备做好产品的装饰、图案、设计和色彩搭配，给消费者高品位精神享受。

（2）陶瓷智造工坊要完善硬件设施、配套的服务设施及生活的配套设施等，减少造成生产不稳定的各种因素，形成一个标准化的生产基地。陶瓷智造工坊可以把自己打造成陶瓷工业旅游景区，供游客参观、购买心仪产品，游客近距离观看并体验传统制瓷工艺，从中了解与感悟景德镇悠久的制瓷历史和非同一般的文化底蕴，通过这种方式把品牌打响，赢得更多消费者。

3.提高智能化和自动化水平，以提升企业的柔性能力为核心

（1）构建智能化和自动化水平较高的研、产、销一体的协同制造管理体系，直接面向消费者，满足消费者个性化、多样化需求，提高企业的快速研发能力及精准服务消费者的能力，让企业的柔性能力得到快速提升，实现快速、精准、稳健的柔性化生产。

（2）在陶瓷智造工坊建造一个“打样中心”，采用将传统打印和3D打印两种模式相结合的方法，在最短时间内将设计师的创意设计变成产品。

4.借助5G技术加强大数据的开发与管理，打造云平台

陶瓷智造工坊未来要做的是利用网络信息技术把设计、研发、生产、销售和物流等多个环节的信息数据串联起来，从而实现整个生产运营设备的自动化和智能化。

（1）通过打造云平台将各个部门、各个设备之间迅速有效地连接起来，并且定制统一的标准，实现产品生产过程中数据的实时共享，让信息孤岛从本质上消除。生产过程中产生的有价值的数据及时准确地传送到云平台，从而大大降低企业的信息化成本。

（2）借助云平台，可以对生产过程进行监控，及时发现风险并产生预警，

这样一来，不仅可以有效减少陶瓷产品制造过程中事故的发生，避免产生损失，还可以为企业创造出更多的价值。

5.加强产品质量管控，提升企业产品竞争力

日用陶瓷产品的生产周期比较长、制造工艺也相对繁杂，生产过程中的不确定因素过多，导致生产出来的最终产品与预期效果相差较大。

（1）借助数字化手段和新技术，产品设计到产品成型转化率可以从40%提升到90%，陶瓷智造工坊借助3D建模系统和3D打印设备，不仅将设计、打样到制造的生产流程缩短至15天左右，而且产品质量和产品设计空间也会得到极大的提升。因此，陶瓷智造工坊应持续在科技创新和产品生产工艺结构优化上下功夫，推动关键零部件攻关、高端专用装备技术的智能化改造，以推动陶瓷智造工坊日用陶瓷产品从低端市场延展至高端市场，并带动景德镇陶瓷产业在传承传统制瓷工艺技术的同时，提高企业竞争力，实现从无序到有序、从分散到集中、从低端到高端的提升和转变。

（2）打造陶瓷原料供应基地。从设计阶段开始，项目就要着眼于市场需求，从设备采购到工艺设置，要首先考虑大客户大规模的生产需求，满足消费者个性化、定制化、多元化的需求。基地建成后，将解决景德镇陶瓷原料生产不规范、无标准、原料稳定性不足的问题，从根本上提升日用陶瓷产品的品质。

6.适应营销模式转变，加强合作

这几年的疫情导致陶瓷智造工坊的产品订单下降，这也倒逼企业开拓另外的销售渠道，直面消费者。在网络经济环境下，一系列新营销模式出现，正在慢慢颠覆传统营销模式，人们对商品的选择更多，消费者可以结合自己的购物需求完成商品的购买。

（1）建设陶瓷智造工坊陶瓷垂直电商平台，加快陶瓷电商的发展。把陶瓷智造工坊打造成一个陶瓷电商集聚区和电商孵化基地，形成线下园区生产、线上全球供货的陶瓷产品贸易格局。通过与首航、小米等各领域知名企业合作，为对方打样生产。同时与京东、狮群资本等联合打造互联网电商与金融平台，

实现大中小企业的集群式融通发展。

（2）借助先进的3D放映技术，增强日用陶瓷产品在网络上的展示能力，让产品生动地呈现在消费者面前，从而吸引更多的消费者。为大宗集团采购提供高端定制的餐具类、茶具类、碗盘类、杯类、碟类等个性化陶瓷产品，提高企业产品销量。

8.4.3　智能化改造实施路径

明确智能制造战略规划，融合推进。确立以“数字化转型为主线，建设智慧企业”的智能制造发展战略。按照“集中生产、自动不手动”的原则，打造一体化智能制造平台，集实时数据、ERP、大数据与专门的App解析于一体，实现内外部互通互联，一体化打通数据链、管理链、销售链和物流链，实现“一个平台、一个标准、一个队伍”，解决陶瓷智造工坊现有的发展难题，支撑和保障企业高质量发展。

1.研发设计智能化

在研发设计方面，可以建立一个专门的App，设计师可以采用三维数字化技术、模拟仿真技术对产品进行设计，先设计日用陶瓷产品的模型，把设计出来的产品导入App，消费者可以根据自己的喜好通过App来选择模型，选择完之后，消费者向设计师表达自己的设计想法与风格，由各模块的设计师同步在线进行产品的三维设计。从概念设计到详细设计，完整地保留设计过程中的所有三维模型，在统一的数字设计环境内，寻求最优设计方案，以达到消费者满意的效果。通过PDM系统集成及CAX软件等设计工具，基于三维模型的产品设计和仿真，减少产品开发过程中不必要需求，从而缩短研发周期，降低研发设计成本，保证产品质量。

2.生产运行智能化

生产运行智能化的程度直接决定陶瓷智造工坊的生产效率，大致可以从以下三部分入手。

第一，生产技术的智能化。日用陶瓷产品的生产工序繁杂，如打样、成型、施釉、烘干、烧制等，企业应对自动化生产过程进一步优化，完善生产的工艺流程，以实现从原料到成品的质量智能检测。

第二，在生产线智能化方面，针对生产线建设，通过引进先进的技术和生产设备，实施对生产过程的智能化控制，导入三维仿真模拟、在线检测等技术，对生产物料进行监控管理，加快原料的周转率，减少不良品、积压品等车间物料停留时间，实现定向管理和集中处理，提高生产线的智能化水平。

第三，数据分析的智能化。利用大数据和人工智能建设有关数据源的分析模型和数据库，构建完整的大数据云平台。完整记录生产批次信息，包括批次号、工艺操作信息、检验数据、投料数据等，通过对工艺参数和批次生产数据的管理分析，降低产品的不合格率，使得产品品质可控。

3.物流管理智能化

工厂生产线的效率在很大程度上受物流系统智能化程度的制约。陶瓷智造工坊要更新先进生产设备来提高物流系统的自动化、信息化、智能化水平，有效提高生产线效率。通过应用物流服务管理、资源库管理，实现对产品配送、自提的一体化管理，对采集原料、生产产品、销售物流进行一体化分析和一体化运营，整体提升企业的应急保障能力，通过应用北斗卫星导航系统、物联网技术实现人、车、货透明化管理，物流作业可靠、可观、可控，从本质上保障物流安全。

第9章

景德镇日用陶瓷企业智能制造对话

与日用陶瓷企业之间的深度访谈，往往可以将企业智能制造实际运行过程中的最真实的问题、最有效的做法、最现实的思考等记录、归纳、总结和诠释为一种模式、方式、范例，从而实现战略规划与战术执行之间的现实衔接，为其他企业提供技术路线、发展路径及各种举措的参考，高效推动日用陶瓷企业智能制造的发展。

9.1 对话企业

景德镇富玉青花玲珑陶瓷有限公司（以下简称富玉陶瓷）始创于1993年，公司集设计、生产、研发、营销推广于一体，是行业内规模化的陶瓷现代化制造企业，是景德镇最早从事青花玲珑复兴研究的企业，也是玲珑瓷行业的标杆。由公司设计制作的千米长卷青花瓷板矗立在景德镇高铁站文化广场，向过往游客展示青花玲珑瓷的独特魅力。公司研发的产品作为国宴用瓷，相继招待各国重要领导人，旗下产品作为国礼用瓷，馈赠外宾。

景德镇富玉青花玲珑陶瓷有限公司旗下有富玉、富玉呈祥、富玉窑、WENO°四个品牌，为首个开启现代化创新之路的陶瓷企业。景德镇富玉青花玲珑陶瓷有限公司荣获江西省非物质文化遗产生产性保护示范基地、国家高新技术企业、江西省版权示范单位、首家玲珑瓷国家标准起草单位、第一家玲珑瓷釉料材料工程技术研究中心，是景德镇市首批授予“景德镇制”认证标识的企业。公司先后荣获江西省版权示范单位、江西省驰名商标、江西名牌产品、景德镇市巾帼建功先进集体、专精特新中小企业等荣誉。

9.2 对话内容

2022年10月25日下午，本书作者与侯旭康、邹傲义、张熙琳等三位学生，前往富玉陶瓷与公司总经理吕雅婷、生产厂长姚飞等人，就日用陶瓷企业的技术研发和智能制造等进行了深度交流。

许剑雄：吕总，您作为“陶瓷代”“陶三代”，在接手公司之后，公司在新产品、新技术方面获得了很多的奖项。请问，这些技术研发工作是源于您自己的想法，还是整个团队的支撑？

吕雅婷：景德镇与其他产瓷区不一样，因为景德镇还保留着传统的手工制瓷工艺。唐山、潮州、德化等日用陶瓷产区几乎都是工业化。在景德镇很多窑口，一些老师及一些大师手工制瓷其实都做得很好。反而在日用陶瓷这一块，大家都有忽略。昨天，一个北京的合作伙伴也刚好提到景德镇日用陶瓷技术研发和创新的问题。他说景德镇大部分的日用陶瓷公司，根本就不做生产，完全依赖OEM，其实质就是贸易公司。像富玉陶瓷这样自产自销的公司已经很少了，更何况我们自己还做自己的品牌。

我不排斥日用陶瓷生产的工业化，我甚至希望有一种机器设备能将骨质瓷市场重新洗牌。景德镇日用陶瓷生产目前采用的滚压成型方式，我认为不能抛弃，这可能是一种手工制瓷的传承方式。

富玉陶瓷的打砂机有几台和德化日用陶瓷企业的设备是一样的，但也不算全自动，还是一种半手工、半自动化的设备。

许剑雄：这种半自动打砂机，基本上没有实现完全自动化。从节约成本来考虑，这个完全自动化也不太现实。以建筑陶瓷为例，通过智能改造之后，一条生产线（不含原料制备环节）所需的工人数量可能由原来的100人降至15人，二是智能化相比人工操作，产品的成品率、合格率提升了很多。

富玉陶瓷的青花玲珑餐具等产品的玲珑眼原来是手工打眼、手工填料，现在已实现了半手工、半机械化操作，甚至是全机械化生产。其实，我觉得从手工打眼转变到机械化生产，其实就是一个智能化转型，这方面能不能请姚厂长和吕总给我们介绍一下。

姚飞：富玉陶瓷的生产目前还没有完全实现自动化，但从节约成本的角度出发，已对一些产品的生产进行了半自动化改造。下面以玲珑眼的生产工序为例进行介绍。

第一，在产品的器型方面。

（1）干雕的制作方式：青花玲珑陶瓷在800℃速烧了一次之后，就放在喷砂器里面，工人用喷枪直接将玲珑眼喷出来，这种方式使得日用陶瓷产品上玲珑眼的形状及其组成的图案更加灵活。当产品坯体过厚时，手工干雕的灵活性远高于机器设备，所以，200件以上的大花瓶都是采用手工干雕来制作玲珑眼的。

（2）湿雕的制作方式：在生产过程中要在模具里面给产品做一个皮套，所以机器湿雕目前只适用于碗、盘等开口敞开的器型。茶杯等开口较小的产品则不适用，茶具就更不可能了，而手工生产则基本上不受器型的限制。

第二，在产品的图案方面。

从古至今，手工干雕和湿雕的图案几乎都是米粒状。至于是何原理？可能是米粒状的玲珑眼手工雕刻出来填好以后再烧几乎不会变形。但如果要做一个逗号形状的图案甚至更复杂一点的图案，估计都无法稳定地生产出来。由于手工生产产量的限制，引发了日用陶瓷设备制造企业开发了喷砂机等自动化设备来替代手工生产。

第三，在产品的生产成本方面。

无论是压坯车直接压制、喷砂机枪打还是精雕机雕刻，这些设备虽然提高了生产效率和工序的合格率，但生产中需要纱、皮套、胶等一次性耗材，产量越大损耗就越多。可能就导致没有完全实现节约成本的目的。以喷砂机打孔为例，贴好皮套的日用瓷坯体在800℃烧完一次之后，半成品表面就会残留一些胶状物。若不再烧第二次，因胶状物附着在半成品上，导致坯体无法上釉。我们的技术人员也尝试采用水浸清洗的方式，但即便是将半成品浸泡一天，也不能完全清除所有胶状物。所以，第二次速烧的目的就是要把坯体表面的胶状物清除，推进后续的上釉工序。经过二次烧成，实际生产成本又有所增加。

第四，在设备的适用性方面。

以超声波机为例，德化不少日用陶瓷企业都在使用超声波机。虽然这种设备和洗眼镜的那个超声波机一样，可以将器物表面的污浊和附着物清洗干净，但也有限制。在机器制作玲珑眼的方式下，若是器型比较规整的日用陶瓷产品，超声波机基本能把半成品表面的胶状物清除掉。但大概率的情况是：日用陶瓷半成品并非方方正正的，总有洗不到的边角位置。所以，我们厂用超声波机来洗坯，较手工洗坯还是会有一些附着物洗不下来的情况，日用陶瓷半成品只需放入超声波机稍微晃动两下，就能把表面灰尘去掉。

又以喷砂枪为例，有一些器型是弯曲的，有弧面或凹角，喷砂枪的枪头角度很难精准调整，故只能依靠手工雕刻玲珑眼。

许剑雄： 从您的反馈中，验证了我之前的一个假想：并非所有产业或是所有生产环节都要实施智能制造。到底要不要实施智能制造？是人工生产的成本更低还是智能化制造的成本更低？我发现还有待在日用陶瓷生产中进一步验证。

吕雅婷： 是的，在我们日用陶瓷行业，其实并不是说智能化就一定好，但我们也不排斥智能化。假设日用陶瓷的生产有20道工序，有的工序采用智能化制造还不如手工生产的话，那就不做。而像姚厂长说的超声波机，部分工序适用于部分器型，那就可以去做。

许剑雄： 是的，我认为智能化都是要有对标的。比如邑山瓷业，其对标的不应该是我们这种滚压成型或者高压注浆的自动化生产和机器设备，它应该对标的其他产瓷区智能制造生产线和生产车间。

吕雅婷： 富玉陶瓷希望能做好中高端市场，所以对标的是国内外的中高端产品，而不是德化和潮州的日用陶瓷标准。所以，从这个角度来讲，智能化制造是十分必要的。但我们不会追求全生产线的智能化，而是追求部分智能化、部分机械化和部分手工化。

许剑雄： 富玉陶瓷采用现有的“智能化＋机械化＋手工化”的生产方式，以陶瓷杯为例，咱们一年的产量能达到多少？

吕雅婷： 我们所有产品中年产量最高的是一款茶漏杯，最高纪录是30000左右的产量，若是其他只生产茶杯这一种产品的工厂，可能1个月就能达到5000～8000的产量，若是每个月都有充足的订单，则1年的产量可以达到十几万只。

许剑雄： 单杯每个月5000～8000的产量，这在景德镇是处于哪种水平的产能？

姚飞： 单杯每个月5000～8000的产量算中等水平的产能。马克杯和茶漏杯不一样，茶漏杯有茶杯盖、茶杯、茶托三个器物，而马克杯就自身一个器物，生产5000只茶漏杯就等于要生产15000个马克杯。而且，很多工厂只做生产不做品牌，不需要做常规备货。这些工厂是有订单才生产，而我们厂是从年头生产到年尾。所以，你可能发现某个工厂1个月可能满负荷做，能做到10000个茶杯。但是可能下一个月没有接到新的订单，就只能生产2000个茶杯。

许剑雄：是的，了解了。姚厂长，回到我们刚才说的那些自动化、智能化的设备。根据您的经验，如果打玲珑眼的工序采用手工方式需要10个师傅，对应同等的产量，采用喷砂机进行机械打眼，工人师傅可以减少到多少人？

姚飞：基本上可以减少50%的用工量。比如刚才给你播放的那个视频，陶瓷杯的玲珑眼如果采用手工操作，一个杯子大概需要5～6分钟。但是现在采用喷砂机，5～6分钟可以完成3个陶瓷杯的玲珑眼的制作。这样估算，成本至少降到了手工制作的30%。

但实际生产成本又没有下降到这样一个水平。究其原因，是各项生产原料的成本年年在涨、人工费用也在涨。

这两三年，我们厂逐步推进至目前这个半自动化的状态，虽然生产效率提高了20%～30%，但原料成本和人工费用也上涨了20%～30%，比如现在的陶瓷原料，在近3个月就上调了两次价格。所以富玉陶瓷只是做到成本控制。

许剑雄：刚才两位也说到，清洗坯体上的灰尘原来是拿海绵蘸水擦或是拿刷子刷，现在采用超声波机清洗，我们在这个工序上的效率大概提升多少？

姚飞：如果是全天满负荷量生产，在生产质量同等的前提下，采用超声波机之后，生产效率提高了一倍。若是非连贯性生产，效率也提高了30%左右。

还有滚筒印花机等也是能较好地提升日用陶瓷产品生产效率的机械设备，因为我们产品的品种和器型比较多，暂时还没采用。这些设备其实在其他产区的运用已经很成熟了，景德镇日用陶瓷企业之所以没有采用，一是景德镇的日用陶瓷工厂大多属于多品种、中小批量的生产模式，不太适合采用单品种、大批量生产的相关设备；二是景德镇的日用陶瓷产品在器型和花面上不太适合这一类设备的平面印花方式，如果富玉陶瓷的产品采用滚筒印花机生产，则可能导致花面与玲珑无法有机地融为一体，只呈现出简单的两个线或两个面；三是这种自动化程度较高的设备一旦开机生产，其一个时间段的产量远高于我们目前的产量。是否推进智能化，其本质还是量的问题，只有首先解决好销售问题，才能把这些机器用起来，对吧？

所以，这种7万元左右一台的印花机，针对不同的器型和花面需要更换不同的硅胶头。在销量有保障的前提下，如果我们厂只有4～5种器型，每种器型只有1款花面，由印花机来完成花面的制作还是比较可行的，但如果每种器型有20款花面，则可能需要80个硅胶头。而实际情况是，富玉陶瓷1个月的计划订单中有500～600个品种，相比硅胶头的高成本和每个品种的小批量，人工生产可能效率更高、效果更好。

另外，机器也是有损耗的，经常更换硅胶头，其准确度就会大大降低。还有刚才提到的精雕机，最初我们也只买了一台来试试。后期，我们陆陆续续又增加了几台。但为了保障其精确度，基本上是一台精雕机只对应一种器型的生产。

许剑雄：根据富玉陶瓷的现状，如果工厂在滚压成型等自动化、智能化方面还会做一些尝试的话，其大致方向是怎样的？

姚飞：从市场角度来看，一是日用陶瓷自动化和智能化的水平还比较低。现在用的压坯机和数控窑炉等，已基本能满足景德镇日用陶瓷工厂的生产和销售要求；二是为日用陶瓷企业提供智能装备的企业也比较少。日用陶瓷装备企业的技术研发若与日用陶瓷企业的实际需求不匹配，其就缺乏市场，因此也较难生存。

我们之前找的一些智能设备企业谈合作，也会有这种担心，研发出来可能没问题，但这种设备只针对富玉陶瓷的玲珑瓷生产，那这样的设备到底该如何定价？除了富玉陶瓷，还会不会有其他的企业客户？所以，这些智能设备企业不会愿意花时间和精力去研发针对玲珑瓷的印花机。我觉得景德镇如果有一些相关部门或机构，能专门针对景德镇整个陶瓷产业做一些智能制造方面的研发，对景德镇陶瓷的发展是有很大帮助的。

针对提高产品质量的要求，富玉陶瓷的工人师傅们广开思路，进行着各种创新。有一次，为清除产品表面的铁锈和落渣，他们买了几根吸铁棒就以极其低的成本解决了这一个质量难题。

许剑雄：不错不错，这个思路是对的，也是最划算的处理方式。这个就像我们的一个教学案例：某肥皂工厂为解决肥皂没装到纸盒里有空盒的问题，工人师傅拿来几台工业电扇对着生产线吹，没装肥皂的空盒自然就吹下了生产线，不会进入下一道工序。虽然每家企业的核心不一样，但都会注重产品研发。我相信富玉陶瓷也是如此。

有机会的话，下次我还想围绕着日用陶瓷的智能制造跟姚厂长做一个深度交流，再到生产线上看一看，将理性认知和感性认知更深入地融合在一起。

9.3　对话思考

从单个企业的访谈延展至整个景德镇日用陶瓷产业，本书作者就其智能制造进行了如下思考。

(1) 从发展现状而言，景德镇日用陶瓷产业在“十三五”和“十四五”期间实现了质的突破，在技术研发、市场拓展等方面取得了较好的成绩。但经过多轮次的非典型调研和访谈，大多数企业的机械化、自动化程度较低，更谈不上智能化。

(2) 从是否需要而言，景德镇日用陶瓷企业下一步必然是要实施智能化，答案是肯定的。但如何推进？先决条件可能包含了订单量、上游企业尤其是智能设备企业的配合等众多因素。目前而言，在智能制造设备和工序与现有设备和工序的匹配、协调等方面，还存在较大的阻碍。而且，景德镇日用陶瓷企业的规模和体量较小，在智能制造的投入资金方面存在较大压力。

(3) 从产学研层面而言，不少企业的智能化研发和运行还不为外界所知晓，甚至做了一定的技术保护，而本地高校的一些智能化研究成果又主要是面向建筑陶瓷、卫生陶瓷产业及国内其他产瓷区的日用陶瓷企业，这在一定程度上阻碍了景德镇日用陶瓷企业智能制造的发展，也导致其进展延缓。

(4) 从手工和智能化的关联而言，景德镇市作为国家陶瓷文化传承创新试验区，其税费优惠政策针对的是手工制瓷。而且，单一花面、单一器型的日用陶瓷批量生产又以潮汕和德化等产瓷区的企业更具有竞争优势，故在发展思维和政策导向上，可能存在一定的理解偏差。

（5）景德镇日用陶瓷产业的智能化，目前可以推进的工作包括：由景德镇陶瓷大学等科研院所与相关企业联合开展智能化制造技术攻关；由政府引入建筑陶瓷、卫生陶瓷行业的智能设备制造公司、IT公司等，景德镇邑山瓷业等已具有一定智能化基础的企业进行本土化的调整创新。

附　　录

附录1　日用陶瓷企业常见的智能化生产设备①

1. 德国SAMA

图1　等静压自动生产线

①图片来源："HIPHOENIX斯罗米克""瓷博士"等微信公众号。

图2　高压注浆机

图3　素烧隧道窑

图4 全自动施釉机(盘类)

图5 自动粘把杯子滚压线

图6　高温还原隧道窑

图7　万能磨底机

2. HIPHOENIX斯罗米克

图8 全自动上料切泥机

图9 多工位模具辅机

图10　机器人本体及配套夹具

图11　陶瓷智能喷涂工作站1

图 12　陶瓷智能喷涂工作站 2

图13　智能滚压成型机1

图 14　智能滚压成型机 2

图15 陶瓷高温素烧产品自动喷釉线

图16 背负式快速干燥线

图 17　单/双速擦底釉机

图 18　陶瓷泥坯及低温素烧产品自动喷釉线

图19　节能型链式干燥线

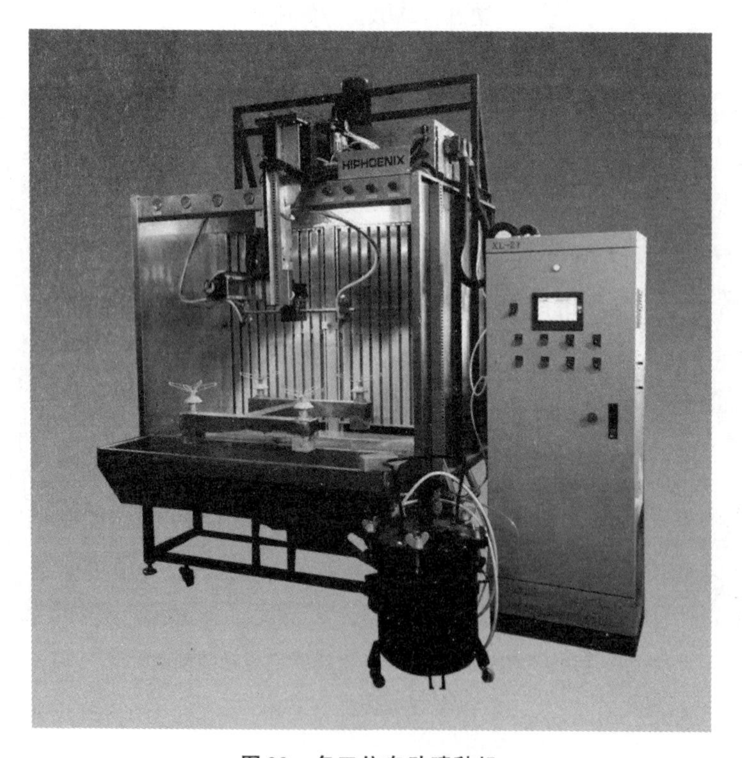

图20　多工位自动喷釉机

图21 单工位自动喷釉机

3. 科达陶机①

图22 科达等静压成型日用瓷整厂生产线

图23 有视觉识别系统的机器人修坯线

①图片来源:http://www.twxw.com.cn/mobile/news/show-285936.html。

图 24 等静压机-KDR400A[①]

①图片来源:微信公众号"瓷博士"。

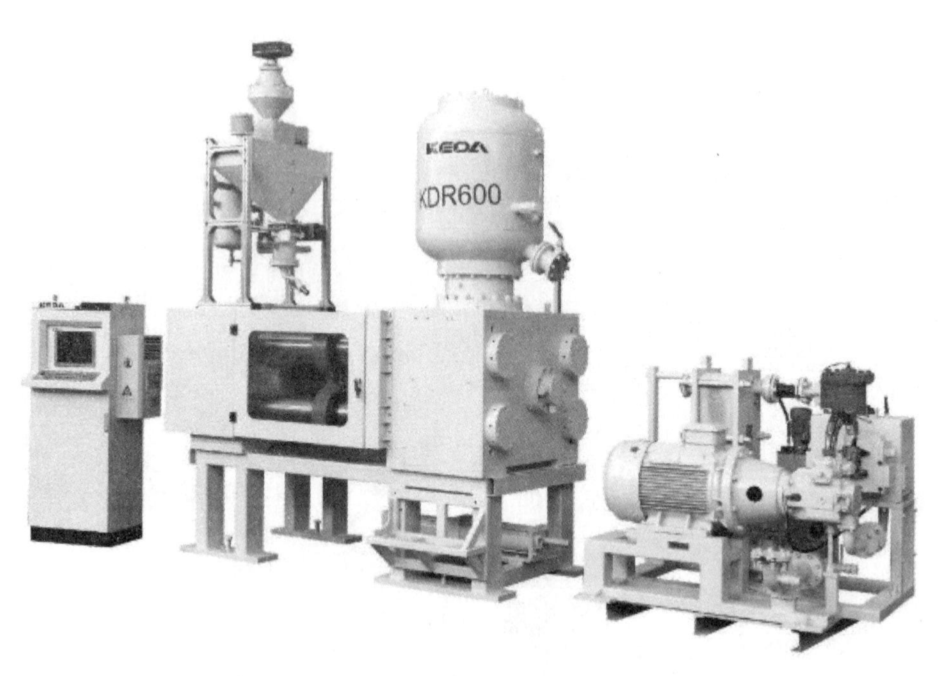

图25　等静压机-KDR600[①]

图26　KRXH400回转台式修坯机[②]

①图片来源:微信公众号"科达制造"。
②图片来源:微信公众号"科达制造"。

4、德力泰①

图27 日用瓷烧成窑1

图28 日用瓷烧成窑2

①图片来源:微信公众号“DLT 德力泰”。

图29 日用瓷烧成窑3

图30 日用瓷烧成窑4

图 31　智能存坯机 1

图 32　智能存坯机 2

图33 视觉系统

图34 CERAWORKS 4.0智能日用瓷整线

图 35 高端白瓷整线

5、方悦机械科技[①]

图 36 自动成型线(数控款)

①图片来源:微信公众号“广州陶瓷工业展”。

图37 自动成型线(凸轮款)

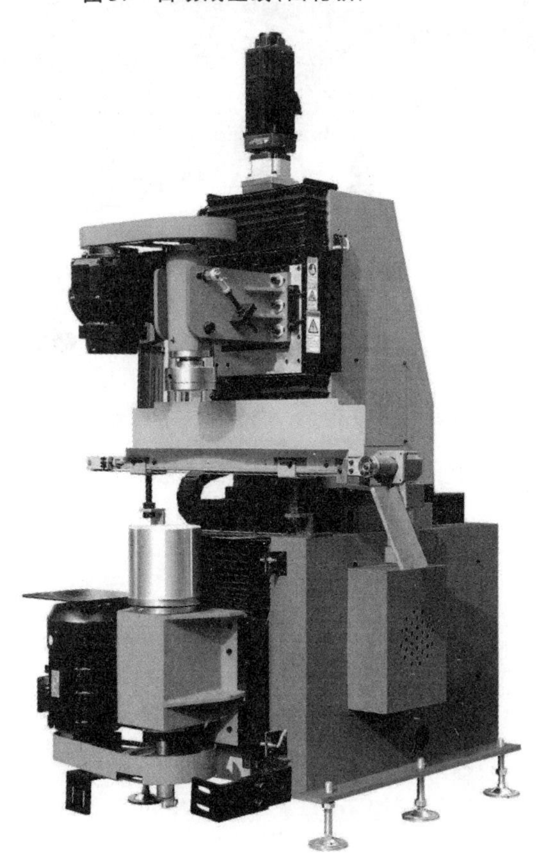

图38 日用瓷成型机

图39 日用陶瓷洗坯机

附录2 景德镇陶瓷行业部分高新技术企业信息汇总

景德镇陶瓷行业部分高新技术企业信息汇总表

序号	企业名称	专利情况	备注
1	景德镇善隐陶瓷有限公司	1条	一种基于大数据运算的智能自动刻花施釉方法
2	景德镇诚德轩瓷业有限公司	外观专利34条,实用新型13条,发明专利2条	—
3	景德镇富玉青花玲珑陶瓷有限公司	外观设计49条,实用新型2条,发明专利4条	—
4	景德镇皇窑陶瓷公司	外观设计14条,实用新型8条,发明专利3条	一种计算机控制陶瓷3D打印挤出成型装置
5	景德镇市真如堂陶瓷有限公司	外观设计48条,实用新型4条,发明专利1条	—
6	景德镇市优胜美陶瓷有限公司	外观设计20条,实用新型11条	—
7	景德镇市隆祥陶瓷有限公司	外观设计47条,实用新型2条,发明专利2条	—
8	景德镇市博大精工艺术陶瓷有限公司	外观专利29条,实用新型5条,发明专利1条	—
9	景德镇陶园春文化产业有限公司	外观设计3条,实用新型2条,发明专利1条	—
10	景德镇百陶会陶艺装备有限公司	外观设计8条,实用新型15条,发明专利4条	一种高温智能电窑
11	景德镇市三雄陶瓷有限公司	—	景德镇陶瓷酒瓶行业中首家打造陶瓷智能制造生产线企业

续表

序号	企业名称	专利情况	备注
12	景德镇市玉柏瓷业有限公司	外观设计131条,实用新型 8条,发明专利 2条	—
13	景德镇逸品天合陶瓷有限公司	外观设计52条,发明授权1条	一种陶瓷材料的3D打印成型方法
14	景德镇市宝瓷林瓷业有限责任公司	外观设计3条,实用新型1条	—
15	景德镇市贝汉美陶瓷有限公司	外观设计184条,发明授权1条	—

注:排名为随机排序,不分先后。

附录3 国内日用陶瓷企业智能制造图例

1.湖南华联瓷业股份有限公司①

图1 陶瓷自动化生产线1

①图片来源:http://news.sohu.com/a/530836974_120897597。

图2　陶瓷自动化生产线2

2.广东皓业青花彩瓷股份有限公司①

图3　智能制造流水线作业

①图片来源:http://www.taocitoutiao.com/News-info/6192-107966.html。

图4 皓业彩瓷智能生产车间[①]

图5 皓业彩瓷智能工厂图

①图片来源:https://www.st3d.com/CN/News/6225.htm。

3.湖南华联溢百利瓷业有限公司[①]

图6　自动浸釉机在给泥坯上釉

图7　智能制造生产线一角[②]

①图片来源:http://news.sina.com.cn/gov/2022-07-22/doc-imizirav4898750.shtml。

②图片来源:http://www.rmzxb.com.cn/c/2022-05-07/3109626.shtml。

图8 省级智能制造标杆车间①

4.江西金石三维智能制造科技有限公司②

图9 陶瓷3D打印机

①图片来源:https://cj.sina.com.cn/articles/view/2418910340/902da484001017ill。

②图片来源:http://www.mjmjm.com/mobile/news－view.php?id＝95374。

5.湖南醴陵玉祥瓷业有限公司①

图10　陶瓷等静压自动化生产线1

图11　陶瓷等静压自动化生产线2

①图片来源：http://lledz.cn/article?id=798。

图12 陶瓷等静压自动化生产线3

图13 施釉机

6.潮州某日用陶瓷企业①

图14 潮州陶瓷企业智能化生产线

7.合江县华艺陶瓷制品有限公司②

图15 酒瓶自动生产线1

①图片来源:http://pc.nfapp.southcn.com/88/4681361.html。

②图片来源:https://www.sohu.com/a/642054356_339728。

图16 酒瓶自动生产线2

图17 酒瓶自动生产线3

图18 酒瓶自动生产线4[①]

8.智鑫隆科技(广东)股份有限公司(SKK)[②]

图19 自动滚压成型生产线

①图片来源：http://finance.ynet.com/2023/04/26/3615458t632.html。

②图片来源：https://www.jufair.com/information/21679.html。

图20 滚压成型生产线

图21 特殊器型滚压

图 22　工业 4.0 智能工厂规划

9.江西省九州陶瓷有限公司[①]

图 23　瓷煲自动化烧制生产线

①图片来源：http://www.jxfz.gov.cn/art/2021/6/7/art_14_3700100.html。

10. 湖南醴陵某陶瓷企业

图24 酒瓶自动生产线1

图25 酒瓶自动生产线2

11.山西应县某陶瓷企业①

图26　陶瓷生产自动化生产线1

图27　陶瓷生产自动化生产线2

①图片来源:https://www.chinanews.com.cn/sh/2023/05-19/10010613.shtml。

12.湖南银和瓷业有限公司①

图28　5G+智慧工厂-AI陶瓷质检平台

13.淄博金煊陶瓷厂②

图29　自动化陶瓷生产线

①图片来源:https://liling.rednet.cn/content/2021/07/21/9689824.html。

②图片来源:http://article.xuexi.cn/html/5409528057638488217.html。

14.广西三环陶瓷[①]

图30 日用陶瓷自动化生产线

15.潮州某陶瓷企业[②]

图31 日用陶瓷自动化生产线1

①图片来源：https://m.163.com/dy/article/HK2SNICF05129O3K.html。

②图片来源：https://baijiahao.baidu.com/s?id=1766067246242558048&wfr=spider&for=pc。

图32 日用陶瓷自动化生产线2

图33 日用陶瓷自动化生产线3

16.江西嘉沃家居用品有限公司[①]

图34 陶瓷智能工厂1

①图片来源:https://jx.ifeng.com/c/8OKx2KqeNha。

图35 陶瓷智能工厂2

图36 陶瓷智能工厂3

17.景德镇陶瓷智造工坊

图37　自动施釉流水线①

图38　自动生产线1②

①图片来源:https://baijiahao.baidu.com/s?id=1678580376071465970&wfr=spider&for=pc。

②图片来源:http://jx.sina.com.cn/news/b/2020-08-28/detail-iivhvpwy3501784.shtml。

图 39　自动生产线 2[①]

18.怀仁华缶瓷业有限责任公司[②]

图 40　陶瓷全自动成型系统 1

①图片来源:http://jx.sina.com.cn/news/b/2020－08－28/detail－iivhvpwy3501784.shtml。

② 图片来源:https://www.163.com/dy/article/FTD9E4JQ0534DZO1.html。

图41　陶瓷全自动成型系统2

19.江西省九州陶瓷有限公司[①]

图42　工业机器人进行脱模作业

① 图片来源：微信公众号“桔文化集聚区”。

20.淄博坤阳陶瓷有限公司①

图43　自动化滚压机生产线

21.醴陵陶润实业发展有限公司②

图44　智能制造示范车间

① 图片来源:https://baijiahao.baidu.com/s?id=1771476046228736364&wfr=spider&for=pc。

② 图片来源:https://baijiahao.baidu.com/s?id=1737967368080555459&wfr=spider&for=pc。

参考文献

[1] 许剑雄,胡鹏程,赵伟,等.日用陶瓷产业智能制造的现状与发展思考[J].佛山陶瓷,2022,32(3):12-15.

[2] 陈卓.5G时代VR技术的视觉机制[J].今传媒,2023,31(2):36-38.

[3] 李烨,韩红星.“互联网+”视角下佛山陶瓷企业的智能化突破路径研究[J].佛山陶瓷,2020,30(4):1-7.

[4] 袁勇,洪燕,饶宗旺,等.中国日用陶瓷科技创新与智能制造的发展之路[J].中国陶瓷,2019,55(12):81-84.

[5] 孙俊杰.宁德时代智能工厂实践与创新[J].中国工业和信息化,2022(3):72-77.

[6] 陈庚晓.基于石油石化企业的智能工厂建设思考[J].化工管理,2021(34):184-186.

[7] 宋涛,宁小亮,李伶,等.国内外先进陶瓷发展现状及趋势[J].山东陶瓷,2016,39(3):19-23.

[8] 孙俊杰.新凤鸣:“互联网+”模式下化纤智能工厂建设之路[J].中国工业和信息化,2021(10):68-73.

[9] 李伯虎,柴旭东,刘阳,等.工业环境下信息通信类技术赋能智能制造研究[J].中国工程科学,2022,24(2):75-85.

[10] 刘冰峰,曹嘉琪,杨建仁,等.打造产业生态圈 提升景德镇先进陶瓷产业能级[J].陶瓷学报, 2023,44(5): 1036-1040.

[11] 刘忠.低碳经济模式下现代陶瓷的绿色发展[J].佛山陶瓷,2019,29

(6):44-46.

[12] 曾成勇,樊叶利,王化能,等.绿色生产 智能制造——陶瓷工业转型升级之道[J].陶瓷,2020(6):45-47.

[13] 杨松柏,余鹏翔,戴景义.塔里木乙烷制乙烯智能工厂建设探索和思考[J].乙烯工业,2021,33(4):1-5，72.

[14] 潘安.国内外智能工厂建设模式和发展对策研究[J].科技广场,2021(5):42-47.

[15] 王军,顾文渊,陆刚.天津石化智能工厂建设与实现[J].现代信息科技,2021,5(18):155-159.

[16] 向成喜,邓戈,王晓武.铜冶炼智能工厂设计架构和方案[J].云南冶金,2021,50(4):128-134.

[17] 许剑雄,韩文,李璇.基于智能制造视角的建筑陶瓷营销创新[J].佛山陶瓷,2018,28(7):37-41.

[18] 陈雄.日用陶瓷产业营销发展与创新[J].现代营销(下旬刊),2020(8):154-155.

[19] 江鹏程.J公司日用陶瓷产品营销策略研究[D].广州：华南理工大学,2019.

[20] 郑立斌,肖荣,郑润东,等.日用陶瓷智能制造系统设计研究[J].智能制造,2022(3):101-104.

[21] 祁洪子.大数据时代景德镇日用陶瓷的营销发展[J].陶瓷,2022(12):96-98.

[22] 郑舒曼.人工智能在市场营销领域的应用与挑战[J].信息系统工程,2022(11):80-83.

[23] 郑秋荣.日用陶瓷智能制造系统的设计与实践[J].佛山陶瓷,2023,33(2):32-34.

[24] 陈雄.陶瓷行业智能化现状及思考[J].冶金与材料，2020（4)：161-162，164.

[25] 邵传任，温晓琦，陈科裕.疫情背景下佛山陶瓷业营销策略[J].合作经

济与科技，2021(7):60-61.

[26] 葛政涵.广东陶瓷产业迎来智造升级风口[N].南方日报，2018-01-26（B02）.

[27] 钟原，李悦锐，彭文静.当前日用陶瓷产业营销发展与创业分析[J].中外企业家，2020（6）：105.

[28] 韦欣柳，陈兴雷，顾思萦，等."互联网＋"陶瓷业营销策略研究——来自对玉林陶瓷业的考察[J].现代营销（经营版），2020（11）：186-189.

[29] 黄弘，李海东.新常态下的日用陶瓷产业的营销发展与创新[J].中国陶瓷，2017，53（12）：46-51.

[30] 应铭，张纯.新媒体时代下日用陶瓷产业营销发展与创新[J].中国陶瓷工业，2019，26（4）：37-41.

[31] 黄浪平.OSN瓷砖市场营销策略优化研究[D].兰州：兰州大学，2021.

[32] 李哲.景德镇A公司日用瓷营销策略提升研究[D].南昌：江西师范大学，2019.

[33] 郭雅宁.HGTC公司日用瓷营销策略优化研究[D].淄博：山东理工大学，2018.

[34] 夏建华，温怡彰.陶瓷行业智能制造现状及发展趋势[J].佛山陶瓷，2018（12）：8-10.

[35] 叶荣荣."互联网＋"生活方式下的日用陶瓷产业发展模式研究及探索——以《席间物语》项目为例[D].景德镇：景德镇陶瓷大学，2018.

[36] 林达.高淳陶瓷营销策略优化[D].南京：南京艺术学院，2022.

[37] 毛玲玲.基于"4Ps"理论的景德镇日用陶瓷营销策略研究[J].陶瓷研究，2020，35（1）：82-84.

[38] 贾文园.日用陶瓷产业的发展脉络[J].陶瓷，2022(11):77-79.

[39] 陆建遵.日用陶瓷工业机械设备的引进现状及其存在问题[J].陶瓷，2021(8):101-102.

[40] 王欣.我国陶瓷产业现状及发展趋势[J].山东陶瓷，2022，45(6):70-74.

[41] 魏欢歌，潘海鹏，曹利钢.基于物联网的日用陶瓷MES生产数据采集系

统研究[J].中国陶瓷工业,2020,27(4):38-42.
[42] 熊海.景德镇日用陶瓷设计的发展与数字化技术[J].农家参谋,2019(22):217.
[43] 许剑雄,余慧.浅谈当代艺术陶瓷的定价方法[J].价格月刊, 2012(11):75-78.
[44] 许剑雄,余慧.当代艺术陶瓷价格影响因素浅析[J].中国商贸, 2011(30): 43-45.
[45] 许剑雄,唐欢.景德镇市陶瓷专业市场发展问题分析与对策建议[J].企业经济, 2011,30(8): 132-135.
[46] 许剑雄,余慧.浅析草根营销的若干问题[J].江苏商论, 2011(4):114-116.

后　记

2016年以来，本书第一作者参与了中国建筑卫生陶瓷协会、中国陶瓷产业发展基金会“未来建筑陶瓷企业发展模式的研究”和“建筑陶瓷智能工厂的研究”两个项目的研究，并于2022年将相关科研成果出版集成专著《建筑陶瓷智能制造与绿色制造》。

《建筑陶瓷智能制造与绿色制造》一经出版，即受到业界和理论界的高度认可，将其视为建筑陶瓷行业智能制造的开山之作。本书作者在此基础上，开始以日用陶瓷智能制造为研究方向申报江西省教育厅科技项目，于2020年11月成功申报江西省教育厅科技项目“日用陶瓷产业智能制造系统模型的仿真研究”，并成功申报2021年景德镇陶瓷大学国家级大学生创新创业训练计划项目“景德镇日用陶瓷产业智能制造现状调研”（项目编号：202110408018）。经过这几年的持续跟踪研究，现在相关研究成果的基础上撰写本书，以供日用陶瓷产业领域的行业组织、企业、科研院所人士的学习和工作参考之用。

许剑雄

2023年5月于陶大湘湖校区勤学楼